Titel der Originalausgabe: *Short cuts, Psychology*

© 2024 Librero IBP (für die deutsche Ausgabe)
www.librero-ibp.com

Copyright © UniPress Books Ltd 2022

Cover-Design: © H2G

Herausgeber: Jason Hook
Künstlerische Leitung: Luke Herriott
Redaktion: Kate Duffy
Illustrationen: Robert Brandt

Aus dem Englischen von Anne Döbel, Aurich
(für iMport/eXport)
Lektorat: Anika Seemann
Satz: iMport/eXport, Emden

Gedruckt und gebunden in China

ISBN 978-94-6359-681-7

PSYCHOLOGIE

EINFÜHRUNG IN BAHNBRECHENDE IDEEN

Beratende Redakteurin
DR. JENNIFER WILD

Librero

5 ENTWICKLUNGSPSYCHOLOGIE 86

6 INDIVIDUELLE UNTERSCHIEDE 106

7 THERAPIE 124

8 POSITIVE PSYCHOLOGIE 140

EINFÜHRUNG

Die Psychologie betrachtet jeden vorstellbaren Bereich unserer Entwicklung – wie Babys Bindungen aufbauen, wie wir denken und mit der Welt interagieren. Erkenntnisse aus der Psychologie wirken sich direkt auf unser Leben aus. Durch die Psychologie verstehen wir, was es bedeutet, Mensch zu sein. Aber welches Wissen und welche Theorien sind für uns am wichtigsten? Und was genau bedeuten sie? Wir brauchen eine Abkürzung zu diesem Verständnis: Folgen Sie den Wegen in diesem Buch und erfahren Sie, wie die Psychologie uns bei unserer Entwicklung hilft, wenn sie auf einige der komplexesten gesellschaftlichen Probleme angewandt wird.

Unser Weg beginnt bei der Erkenntnispsychologie und den Prozessen, die uns sehen, denken und entscheiden lassen. Wir decken unbequeme Wahrheiten darüber auf, wie das Gedächtnis funktioniert und warum wir unzuverlässige Zeugen sind. Das führt uns zur Macht von Gruppen und ins Reich der Sozialpsychologie. Warum und wie beeinflussen Gruppen unser Denken mit – bisweilen – einschneidenden Konsequenzen? Wir lernen, wie wir lernen, wie das Gehirn Erinnerungen bildet und warum schnell auch mal falsche Erinnerungen entstehen. Wir entdecken, was bei Störungen wie Synästhesie geschieht, bei der das Gehirn Sinne koppelt, oder Gesichtsblindheit, wenn Betroffene andere Menschen nicht wiedererkennen können.

Anschließend führt uns das Buch in unsere Biologie, wo sich alles um unsere Sinne dreht – wir haben über fünfzig! Wir erfahren, wie viel Stress nötig ist, damit wir unsere Höchstleistung abrufen können, und lernen, wie Psychologen Stress messen. Wir schauen nach, was im Gehirn passiert, wenn wir Drogen nehmen – von Antidepressiva bis Marihuana. Wir machen einen Abstecher in die Welt der Kindheit und durchwandern unsere frühen Jahre, um zu erfahren, wie Familienbande unsere Strategien formen, mit denen wir in späteren Jahren zurechtkommen.

Dann schauen wir, was uns zu Individuen macht, was die Guten von den Großartigen unterscheidet, was uns motiviert. Wir wenden uns der Intelligenz zu und erfahren, welche Arten es gibt, welche uns zu starken Anführern machen. Wir stellen Theorien vor, wie wir unsere Realität aufbauen. Wir sehen, wie die Psychologie an geistiger Gesundheit arbeitet, um wirksame Therapien zu finden und erkennen, wie die kognitive Verhaltenstherapie – eine der effektivsten Methoden bei Angststörungen und Depression – Patienten anleitet, zu Wissenschaftlern zu werden, die ihre Gedanken prüfen und aufarbeiten, wodurch dauerhafte Heilung angestrebt wird. Unsere Reise endet bei der positiven Psychologie, wo wir die Zutaten für ein glückliches Leben kennenlernen und erfahren, wie wir unseren Geist trainieren, damit wir froh sein und aufblühen können. Kurz gesagt, navigiert Sie das Buch durch menschliches Wachstum und stellt vor, wie die Psychologie mit einigen der revolutionärsten Beiträgen zu dem Wissen beigetragen hat, wie sich unser Geist im Laufe unseres Lebens ausbildet.

Genießen Sie die Reise!

WAHR-
NEHMUNG

VORGEFASSTE
MEINUNG

TOP-DOWN-
VERARBEITUNG

ERINNE-
RUNGEN

KOGNITIVE
DISSONANZ

KAPITEL 1

ERKENNTNIS-PSYCHOLOGIE

ERWARTUNGEN

GRUPPEN-DENKEN

VER-ZER-RUNG

EINFÜHRUNG

Wie erleben wir unser Leben? Psychologen behaupten, das hängt davon ab, wie wir die Welt wahrnehmen, wie unsere Erinnerungen entstehen, wie wir Entscheidungen treffen und wie wir denken. Dieses Kapitel dreht sich um die Prozesse, die uns verstehen lassen, was wir erleben.

In jeder wachen Minute prasseln Sinneseindrücke auf uns ein. Um ihnen Sinn zu verleihen, arbeitet das Gehirn mit 120 Meter pro Sekunde, testet **HYPOTHESEN** und überarbeitet Rückschlüsse, wenn wir neue Informationen aufnehmen. Dieser Prozess heißt **TOP-DOWN-VERARBEITUNG**, bei der wir mit vorhandenem Wissen neue Informationen interpretieren. Das bedeutet, dass wir sehen, was wir zu sehen erwarten. **GIBSONS ÖKOLOGISCHE THEORIE** vermutet allerdings, dass es die **BOTTOM-UP-VERARBEITUNG** ist, die das Sagen hat, dass Informationen aus der Umgebung zum Auge wandern und weiter zum Gehirn. Nach dieser Theorie müssen wir die Welt wahrnehmen, um zu überleben, und wir beginnen damit im Moment unserer Geburt.

Erinnerungen sind für unsere Wahrnehmung der Welt wichtig. Aber sind sie verlässlich? Als Neisser die Unbeständigkeit untersuchte, mit der sich Menschen an bedeutende Ereignisse erinnern, stellte er fest, dass sich unsere Erinnerungen im Lauf der Zeit verändern. Naders und Ledoux' Arbeit ist ein Hinweis darauf, dass wir, wenn wir an ein Ereignis denken, es überschreiben und wir uns bei nächsten Mal an die überschriebene Version erinnern. Der **KONSOLI-DIERUNGSTHEORIE** zufolge wird bei der Erinnerung an ein Ereignis die Erinnerungsspur im Gehirn formbar und muss wieder konsolidiert werden oder sie wird ausgelöscht. Unserer Erinnerungen sind fragil.

Loftus fand heraus, dass alles mögliche Einfluss auf unsere Erinnerungen nimmt: unsere Erwartungen, Verzerrungen und sogar Sprache. Wird nach einem Verkehrsunfall bei einer Zeugenbefragung das Wort „Crash" verwendet, kann sich die Erinnerung dahin verzerren, dass sich Zeugen an schnellere Autos erinnern, als sie tatsächlich gesehen haben. Eine neutrale Ausdrucksweise, wie „zwei Autos stießen zusammen", vermeidet das. Augenzeugenberichte sind also nicht zuverlässig, und es ist möglich, durch Suggestion **FALSCHE ERINNERUNGEN** hervorzurufen.

Die Theorien zum Speichern von Erinnerungen sollen erklären, wie sie abgerufen werden können, über diesen Prozess wird allerdings noch debattiert. Ursprünglich hieß es, es gäbe ein Langzeit- und ein Kurzzeitgedächtnis. Baddeley überarbeitete das Konzept und sagte, dass das Arbeitsgedächtnis kurzzeitig sowohl speichern als auch verarbeiten kann. 1972 erdachten Craik und Lockhart das Verarbeitungsmodell, das eine Verbindung findet zwischen der Tiefe der Verarbeitung und wie lange die Erinnerung überdauert.

Bei dem Thema, wie wir denken, war es Janis, der entdeckte, wie leicht Gruppen unsere Ansichten beeinflussen. In einer Gruppe geben wir leichter alternative Standpunkte auf, weil es einfacher ist, sich anzupassen, als eine andere Meinung zu vertreten. Druck wirkt sich auf unser Denken und unsere Entscheidungen aus. Ein gestresstes Gehirn sucht nach Abkürzungen und greift eher auf Intuition als auf bewusstes, logisches Denken zurück. Riskant ist sie, aber manchmal ist die Abkürzung auch der beste Weg.

KARTE DER ERKENNTISPSYCHOLOGIE

METHODE

HYPOTHESEN
Vorhersagen, basieren auf Vermutungen, was geschehen könnte.

UNBEWUSSTE FOLGERUNGEN
Einfluss von Erinnerung und erlebter Wahrnehmung, die in Verbindung mit Stimuli von außen ein vollständiges Bild ergeben (Helmholtz).

GIBSONS ÖKOLOGISCHE THEORIE
Informationen stammen aus der Umgebung. Wir müssen die Welt wahrnehmen, um zu überleben, beginnend bei der Geburt.

WAHRNEHMUNG
Aktiver Prozess unter Beteiligung von Gedächtnis und Erfahrung statt passiver Akzeptanz äußerer Reize (Helmholtz).

TOP-DOWN-VERARBEITUNG
Mit vorhandenem Wissen neue Informationen interpretieren. Wir sehen, was wir erwarten zu sehen (Gregory).

SCHEMA
Geistige Repräsentation unserer Erfahrung, basierend auf früherer Erfahrung und Erinnerung.

ILLUSION

AFFORDANZ

Handlungsmöglichkeit als Angebot der Umgebung, Bedeutung zu verleihen, z. B. ein Fahrrad bietet die Möglichkeit zu reisen (Gibson).

MEHRSPEICHERMODELL NACH ATKINSON UND SHIFFRIN

Es gibt drei Erinnerungsspeicher: 1) sensorisches Gedächtnis, 2) Kurzzeitgedächtnis, 3) Langzeitgedächtnis. Informationen werden geordnet durch die drei Speicher geleitet.

KONSOLIDIERUNGSTHEORIE

Bei jeder Erinnerung schreiben wir unser Gedächtnis neu. Langzeiterinnerungen müssen konsolidiert werden, wenn sie abgerufen werden oder sie verlöschen (Nader und Ledoux).

BOTTOM-UP-VERARBEITUNG

Wahrnehmung tritt als Bottom-up aus der Umgebung auf – über das Auge bis zum Gehirn (Gibson).

FEHLINFORMATIONSEFFEKT

Verzerrung von Erinnerungen durch fehlleitende Informationen nach dem Ereignis, d. h. ein Zeuge erinnert sich durch ungenaue Befragung anders.

FALSCHE ERINNERUNGEN

„Erinnerungen", die uns suggeriert werden und sehr real wirken können, es aber nicht sind (Loftus).

KOGNITIVE DISSONANZ

Zwei widersprüchliche Erkenntnisse zur selben Zeit haben, führt zu Abweichungen in Verhalten und Einstellungen und in der Folge zu psychologischem Stress (Festinger).

GRUPPENDENKEN

Individuelle Ansichten werden durch kollektive Meinungen unterdrückt, weil es einfacher ist, nicht zu widersprechen, kann schlimme Folgen haben (Janis).

WAHRNEHMUNGSZYKLUS

Wie wir die Welt erleben, wird durch das Zusammenspiel von Schema und Umgebungsreizen geformt. Äußere Reize beeinflussen interne Schemata (Neisser).

Ist die Wahrnehmung nur ein Experiment?

→ Vielleicht. Wenn Wissenschaftler Experimente durchführen, prüfen sie Hypothesen, also Vorhersagen darüber, was passieren könnte. Das Gehirn scheint auf dieselbe Art zu arbeiten und testet Hypothesen. Mit den Ergebnissen stellt es ein Bild von dem zusammen, was wir sehen.

Unsere Augen erhalten visuelle Eingaben, unsere Ohren fangen Geräusche ein und unsere Nasen kräuseln sich bei einigen Gerüchen. Jahrzehntelang debattierten Psychologen darüber, wie diese sensorischen Signale zu Wahrnehmungserfahrungen werden. Wieso erkennen wir ein felliges, Stöckchen jagendes Objekt als Hund oder wissen, dass eine bestimmte Zusammenstellung von Geruchsmolekülen den Duft einer Rose ergibt?

1867 beschrieb der deutsche Wissenschaftler Hermann von Helmholtz die Bedeutung der unbewussten Folgerungen. Er realisierte, dass Wahrnehmung nicht nur passive Akzeptanz eingehender Reize ist, sondern ein aktiver Prozess, an dem Gedächtnis und Erfahrung beteiligt sind.

1970 dachte der britische Psychologe Richard Gregory diesen Gedanken weiter, als er vermutete, dass wir unsere Wahrnehmung der Realität aktiv gestalten. Er argumentierte, dass unsere Sinne einem Bombardement von Signalen ausgesetzt sind, die häufig nicht eindeutig und daher schwer zu interpretieren sind. Um sie zu verstehen, verlassen wir uns auf Informationen, die unser Gehirn bereits gespeichert hat. Wir stellen Hypothesen über das Erlebte auf, die auf vorhandenem Wissen und früheren Erfahrungen fußen. Im Grunde stellt das Gehirn Vermutungen darüber an, was es sieht, und überarbeitet seine Arbeitshypothesen, wenn neue Informationen das Auge erreichen. Sein Modell besagt, dass die Wahrnehmung eine Top-down-Verarbeitung ist, bei der wir unser Wissen nutzen, um neue Informationen zu deuten.

Gregory sagte, dass bestimmte visuelle Illusionen, wie der Necker-Würfel und die Tiefenumkehr, die Top-down-Verarbeitung von Wahrnehmungsinformationen demonstrierten. Wenn etwa eine 3D-Charlie-Chaplin-Maske langsam gedreht wird, gibt es den Moment, in dem die konkave Rückseite der Maske „herausspringt" und ein ausgeformtes konvexes Gesicht zeigt, das sich in die entgegengesetzte Richtung bewegt. Unser Gehirn rechnet mit konvexen Gesichtern, weil sie viel häufiger vorkommen als konkave, und zwingt uns darum diese Interpretation auf. Manchmal sehen wir, was wir zu sehen erwarten und nicht das, was tatsächlich zu sehen ist.

TOP-DOWN-VERARBEITUNG

Dies ist der Necker-Würfel. Was sehen Sie? Blicken Sie ihn kurz intensiv an, dann wird das Bild instabil. Das bunte Quadrat wechselt zwischen Vorder- und Rückseite hin und her, denn ein einziges physikalisches Muster erzeugt wechselnde Deutungen. Nach Gregory entsteht dieser Konflikt, weil das Gehirn zwei gleich plausible Hypothesen für das Gesehene aufstellt und sich für keine entscheiden kann. Top-down-Verarbeitung muss der Antrieb dieser Illusion sein, weil der sensorische Input die ganze Zeit über derselbe ist.

Bekommen wir das, was wir sehen?

➞ Einer Theorierichtung nach verhält es sich so! Unser visuelles Erleben der Welt wird vorrangig durch Informationen geformt, die wir über unser Auge aufnehmen, mehr noch als über alles, was in unserem Gehirn gespeichert ist.

Visuelle Wahrnehmung ist eine knifflige Angelegenheit. Wie verwandeln sich die Lichtpartikel, die auf unsere Netzhaut fallen, in die Wahrnehmung von Menschen, Gebäuden, Fahrrädern und so weiter? Ist die Wahrnehmung eine Top-down-Verarbeitung, wobei Erinnerungen und vorhandenes Wissen über neue visuelle Reize trumpfen oder ist sie Bottom-up, und das, was wir tatsächlich sehen, hat einen bedeutenden Einfluss auf unsere Erfahrung? In den 1960ern und 70ern trat Gibson für Letzteres ein.

Gibson sagt, dass normale Erfahrungen im Alltag uns ausreichend Informationen vermitteln, damit wir verstehen, was wir sehen. Eine weitere Verarbeitung oder Interpretation ist nicht nötig. Je nachdem, wo wir sind, verändert sich der visuelle Input. Wir sehen Dinge aus verschiedenen Entfernungen und Perspektiven und erhalten einen Reichtum an Daten, der sich direkt an die Wahrnehmung richtet. Daraus folgt, dass Wahrnehmung eine Kombination aus der Umgebung einer Person und deren Interaktion mit der Umgebung ist. Gibson glaubte, dass die Verarbeitung direkt erfolgte, Bottom-up, von der Umgebung über das Auge zum Gehirn. Was wir wahrnehmen, ist, was wir sehen und nicht, was wir glauben, zu sehen. Aufgrund der starken Einbeziehung der Umwelt wurde dies als ökologische Theorie bekannt.

Außerdem war Gibson der Meinung, dass Wahrnehmung vom Embodiment abhängt. Wenn wir Objekte wahrnehmen, sehen wir sie in den möglichen Interaktionen, die sie uns bieten. Eine Affordanz, wie er es nannte, ist eine Gelegenheit zum Handeln – ein Kessel zum Kochen von Wasser, ein Fahrrad zum Fahren, ein Keks zum Essen –, mehr noch als die Repräsentation einer Welt, die von unserem Handeln unberührt bleibt. Bedeutung, behauptete er, ist das, was die Umgebung dem Betrachter „bietet".

Nach Gibsons Theorie ist eine frühere Erfahrung und früheres Lernen nicht nötig, damit Wahrnehmung stattfindet. Vielmehr ist dies ein angeborener Prozess, der sich im Lauf der Evolution entwickelte, da er einen erheblichen Überlebensvorteil bedeutet. Damit ein Organismus effektiv auf seine Umwelt reagieren kann, muss er sie zunächst wahrnehmen.

BOTTOM-UP-VERARBEITUNG

Gibson behauptet, dass die Wahrnehmung eine Bottom-up-Verarbeitung ist – von der Umwelt über das Auge zum Gehirn. Wenn wir eine Rose sehen, registriert das Gehirn sie als solche. Das Lichtmuster, das auf das Auge fällt, bildet eindeutige Informationen über die Qualität der Dinge im Raum, also etwa ihre Größe und Position. Wenn wir uns durch unsere Umgebung bewegen, verändert sich die Information und erzeugt das Rohmaterial, das wir für die Wahrnehmung brauchen. Wissen oder Erfahrung sind nicht erforderlich.

Wie produziert das Gehirn Erinnerungen?

→ Die Produktion von Erinnerungen ist ein aktiver Prozess und keine passive Wiedergabe der Vergangenheit. Daher können sich unsere Erinnerungen verändern.

Erinnerungen entstehen im Gehirn. Das ist so weit offensichtlich, aber das Ausmaß der Beeinflussung durch äußere Ereignisse ist noch ungeklärt. Als Ulric Neisser vor mehr als 40 Jahren anfing, darüber nachzudenken, erkannte er die Bedeutung von Umwelteinflüssen auf kognitive Prozesse. Wahrnehmung, sagte er, ist ein aktiver Prozess, bei dem unser Erleben der Welt durch das Wechselspiel von Gedanken und Annahmen – dem sogenannten „Schema" – und Umgebungsreizen geformt wird. Anders ausgedrückt, Top-down- und Bottom-up-Verarbeitung sind wichtig für die Wahrnehmung, Umgebungsreize beeinflussen das interne Schema. Das ist der Wahrnehmungszyklus.

Neisser wandte sich Erinnerungen zu und bemerkte, dass Psychologen nur wenig durch künstliche Laborstudien mit Wortlisten und Wiedergabe lernten. Wenn die Umgebung wichtig ist, dann muss das Gedächtnis in der realen Welt studiert werden. In einer klassischen Studie von 1981 analysierte Neisser die Aussage von Richard Nixons ehemaligem Berater John Dean zum Watergate-Skandal. Im Vergleich mit aufgezeichneten Gesprächen,

an denen er teilgenommen hatte, wurden Unterschiede deutlich. Zum Beispiel neigte Dean dazu, Begebenheiten zu dramatisieren, seine Rolle übertrieben darzustellen und Ereignisse aus verschiedenen Zeiten zu einer „Erinnerung" zu verschmelzen.

Laut Neisser treten solche Fehler häufig auf und entstehen, weil Erinnerungen aktiv gestaltet statt passiv wiedergegeben werden. Seine Studie aus dem Jahr 1986, im Fahrwasser des Challenger-Raumfähren-Desasters, kam zu einem ähnlichen Schluss. Die Erinnerungen, die Studenten drei Jahre nach der Tragödie daran hatten, unterschieden sich enorm von denen, die sie einen Tag nach der Explosion abgerufen hatten.

Neisser argumentierte, dass Erinnerungen keine scharfen Schnappschüsse eines Moments sind, die für alle Zeit eingefroren sind. Um sich an etwas zu erinnern, muss der Verstand die Vergangenheit aktiv rekonstruieren. Dieser Prozess wird zwangsläufig durch nachfolgende Erfahrungen beeinflusst. So sind Erinnerungen häufig verfälscht und können im Falle von Augenzeugenberichten zu ernsten Problemen führen.

ERINNERUNGEN BAUEN

Neisser behauptete, dass unser Gehirn ebenso aktiv Erinnerungen aufbaut, wie ein Maurer, der ein Haus baut. Angenommen, Sie bitten denselben Maurer fünf Jahre später, eine Kopie des Hauses nachzubauen, geben ihm aber die Originalpläne nicht. Das Gebäude würde dem Original ähnlich sein, aber nicht identisch. Auf dieselbe Weise müssen Erinnerungen an vergangene Ereignisse rekonstruiert werden, und auch diese werden mit steigendem zeitlichem Abstand immer ungenauer.

Sind Sie ein verlässlicher Zeuge?

⟶ Vermutlich nicht. Wir trauen unseren Augen mehr als unseren anderen Sinnen, aber in Wahrheit lässt uns unser Gehirn bei der Interpretation dessen, was wir sehen, und den Erinnerungen an Menschen und Ereignisse oft im Stich.

Augenzeugenberichte können sehr überzeugend sein. Wenn ein Opfer seinen Angreifer aus einer Auswahl Verbrecherfotos heraussucht oder ein Zeuge im Gerichtssaal schwört, den Angeklagten bei der Ausübung eines vermeintlichen Verbrechens beobachtet zu haben, wird dem von Polizisten und Geschworenen viel Gewicht beigemessen. Leider können Augenzeugen höchst unzuverlässig sein.

Die amerikanische Erkenntnispsychologin Elizabeth Loftus befasste sich als eine der ersten mit dieser Problematik und veröffentlichte 1979 ihre Arbeit Eyewitness Testimony darüber. Wie zahllose folgende Studien bestätigten, werden Zeugen von vielen Faktoren beeinflusst, darunter schlechte Sichtverhältnisse, einen nur kurzen Blick auf den Täter, Stress, Erwartungen und Voreingenommenheit – einschließlich rassistischer Stereotypisierung.

Ein weiteres großes Problem ist, dass unsere Erinnerungen formbar sind. In Hunderten von Studien fand man heraus, dass allein die Befra-gung bei Zeugen neue Erinnerungen hervorrufen und alte verändern kann. Soll ein Zeuge zum Beispiel eine Frage beantworten, die einen faktischen Fehler enthält, könnte dadurch die Erinnerung verfälschen. Dieser Fehlinformationseffekt kann alle Erinnerungen betreffen – vom Aussehen des Täters bis zur Beschreibung des Tatorts.

Die Verfälschung einer besonderen Erinnerung ist schlimm genug. Aber wie Loftus und andere Psychologen gezeigt haben, schaffen wir uns sogar komplett falsche Erinnerungen – „Erinnerungen", die uns suggeriert wurden und sehr real wirken können, es aber nicht sind.

Die potenziellen Gefahren, wenn sich zu sehr auf Augenzeugen verlassen wird, sind riesig. Eine Studie aus den USA ergab 2011 nach neuen DNA-Analysen, dass fehlerhafte Augenzeugenberichte in mindestens dreiviertel der Fälle zu Gefängnisstrafen führten. Seit Jahrzehnten haben fehlerhafte Aussagen von Augenzeugen Menschen nicht nur ins Gefängnis, sondern auch in die Todeszelle geschickt.

FEHLINFORMATIONSEFFEKT

"55 km/h"

"BERÜHRUNG"

"INEINANDERKRACHEN"

"50 km/h"

"KOLLIDIEREN"

"65 km/h"

In einem frühen Experiment von Loftus und Palmer sahen sich Teilnehmer Filmmaterial über einen Verkehrsunfall an und beantworteten Fragen über das Tempo der beteiligten Autos. Kamen in den Fragen Worte wie „zerquetscht" vor, wurde das Tempo höher geschätzt als bei Worten wie „zusammengestoßen". Das Gedächtnis kann durch die Art der Fragestellung beeinflusst werden.

Wie werden Erinnerungen gespeichert?

➡ Das Gehirn macht eine Momentaufnahme der Informationen um uns herum. Dann feuern Nervenzellen los und erzeugen neue Erinnerungsmuster, die vorübergehend im Hippocampus gespeichert werden und von da aus in den Falten des Kortex.

Um zu verstehen, wie Erinnerungen gespeichert werden, mussten Psychologen zunächst herausfinden, welche Art von Erinnerungen gespeichert werden.

1968 erkannten Richard Atkinson und Richard Shiffrin drei Erinnerungsspeicher. Das sensorische Gedächtnis nimmt einen flüchtigen Eindruck aufgenommener Sinnesinformation auf, das Kurzzeitgedächtnis (KZG) kann vorübergehend größere Mengen Informationen speichern und das Langzeitgedächtnis (LZG) speichert dauerhaft noch größere Mengen.

Atkinsons und Shiffrins Mehrspeichermodell fußt auf der Hypothese, dass Informationen zwischen sensorischem Gedächtnis, KZG und LZG weitergereicht werden und dass alte Erinnerungen bei Bedarf aufgespürt und ins KZG geschoben werden.

1972 unterschied Endel Tulving mehrere Arten LZG und prägte den berühmten Ausdruck episodisches Gedächtnis, der sich auf persönlich erlebte Ereignisse bezieht. Es unterscheidet sich vom semantischen Gedächtnis, bei dem es um allgemeine Fakten geht.

Dann brachte 1974 Alan Baddeley unsere Theorie des KZG auf den neuesten Stand. Das Arbeitsgedächtnis, sagte er, kann Informationen verarbeiten und auch speichern.

Damit eine Langzeiterinnerung entsteht, nimmt das Gehirn zuerst einen Schnappschuss der aufgenommenen Information auf, unterzieht sie einer Reihe Veränderungen und einem Stabilisierungsprozess, der Gedächtniskonsolidierung heißt. Studien belegen, dass Dazugelerntes, eine Schädigung des Hippocampus oder auch Drogen, die Proteinsynthese blockieren, die Konsolidierung von Erinnerungen stören.

Früher dachten Wissenschaftler, dass das Gehirn eine dauerhafte Datei anlegt. Anfang des 21. Jahrhunderts zweifelten Karim Nader und Joseph Ledoux diese Vorstellung an, als sie anhand von Experimenten die Fragilität des Gedächtnisses belegten. Nach der Konsolidierungstheorie wird bei der Erinnerung an ein Ereignis die Gedächtnisspur für eine begrenzte Zeit weich und muss im Anschluss konsolidiert werden, damit wir uns auch später erinnern können. Das heißt, dass wir, wenn wir uns an etwas erinnern, die Erinnerung neu schreiben und uns später an die neu geschriebene Version erinnern. Das Gehirn speichert Erinnerungen, allerdings können die sich im Laufe der Zeit erinnern.

GEDÄCHTNISTYPEN

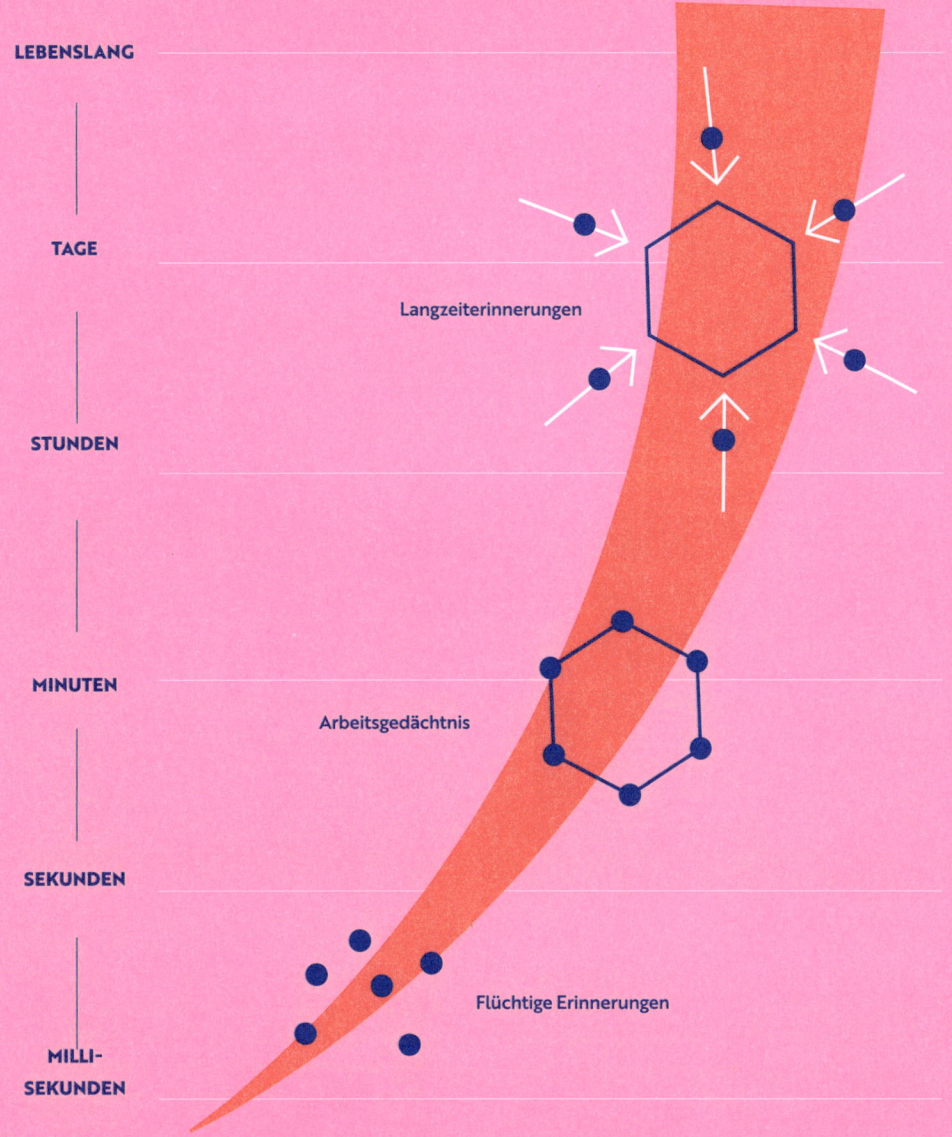

LEBENSLANG

TAGE

Langzeiterinnerungen

STUNDEN

MINUTEN

Arbeitsgedächtnis

SEKUNDEN

Flüchtige Erinnerungen

MILLI-
SEKUNDEN

Vereinfacht ausgedrückt ist das Gedächtnis der Speicher unserer Erinnerungen, ein Kontinuum, das Dinge für Millisekunden oder auch Dekaden festhält. An einem Ende finden wir in unserem sensorischen Gedächtnis flüchtige Erinnerungen, die uns nur Millisekunden bleiben – was wir in einem Moment sehen, hören, schmecken, berühren und fühlen. Einen Schritt weiter findet sich das Arbeits- oder Kurzzeitgedächtnis, das zwischen einigen Sekunden bis zu einigen Minuten speichert. Den Schluss macht das Langzeitgedächtnis, das Erinnerungen ein Leben lang bewahren kann.

Findet vor dem Trugschluss Gruppendenken statt?

→ Menschen denken und handeln anders, wenn sie Teil einer Gruppe sind. Gruppendenken setzt ein, wenn der gemeinsame Wunsch nach Konformität eigene rationale Entscheidungen ersetzt.

In seinem dystopischen Roman *1984* beschreibt George Orwell „Doppeldenk", einen Vorgang, der Menschen zwingt, an etwas zu glauben, das häufig im Konflikt mit ihrem Realitätssinn steht. Der Psychologe Irving Janis wurde dadurch zu seinem Studium des Gruppendenkens angeregt.

Gruppendenken setzt ein, wenn individuelle Meinungen durch den kollektiven Konsens erdrückt werden. Gruppenmitglieder berücksichtigen keine alternativen Perspektiven, weil es meist einfacher ist sich anzupassen, als etwas zu sagen. Als Folge davon könnten Gruppen Entscheidungen treffen, die auf unrealistischen Annahmen beruhen.

Das kann zu katastrophalen Resultaten führen. Für Janis waren die Invasion der Schweinebucht 1961 (Präsident Kennedys gescheiterte Invasion auf Castros Kuba) und die japanische Attacke 1941 auf Pearl Harbor primäre Beispiele. Gruppenmitglieder stülpten ihren Gegnern gefährliche Stereotypen auf. Kennedys Verwaltung sagte voraus, dass Castros Streitkräfte mit Leichtigkeit besiegt

würden, während Roosevelts innerer Kreis davon ausging, dass die Japaner es nie wagen würden, die USA anzugreifen. Janis formulierte 1972 seine Gedanken über das Gruppendenken in einem wichtigen Buch.

Gruppendenken wird stark durch kognitive Dissonanz beeinflusst: das Phänomen, dass es psychologisch belastend ist, zwei gegensätzliche Einstellungen gleichzeitig zu haben. Leon Festinger stellte seine Theorie zur kognitiven Dissonanz 1957 vor, nachdem er eine Sekte beobachtet hatte. Die Mitglieder glaubten, dass die Welt in einer großen Flut untergehen würde, aber als die Flut nicht kam, mussten sie ihre Ansichten überdenken. Die Hardcore-Anhänger behaupteten, ihre Hingabe hätte die Flut verhindert, nicht so Verbissene akzeptierten, dass sie falschgelegen hatten.

Festinger vermutete, dass wir den inneren Antrieb dazu haben, Überzeugungen und Verhalten in Einklang zu halten und Dissonanz zu verhindern oder zu reduzieren. Dennoch treffen wir täglich auf solche Konflikte.

GRUPPENDENKEN

Es ist nicht einfach, sich in einer Gruppe
mit anderer Meinung Gehör zu verschaffen.
Widersprüchliche Ansichten können zur
Falschausrichtung von Verhalten und Über-
zeugung führen und zu Gruppendenken.
Dadurch entsteht das Risiko für negative
Resultate, darunter falsche Entscheidungen,
Unterdrückung von Kreativität und Ignorieren moralischer oder ethischer Konsequenzen von Handlungen und Ereignissen.
Gruppendenken gibt es in alltäglichen
Szenarien, etwa bei familiären Diskussio-
nen. Die Auswirkungen können besonders
schädlich in militärischen, medizinischen
und politischen Situationen ausfallen.

Ist es gefährlich, eine Abkürzung zu nehmen?

➡ Die Entscheidung die Abkürzung zu wählen, birgt ein Risiko in sich, aber wir machen das ständig, und manchmal ist es sogar die beste Option.

Wir Menschen sind schlau – wir treffen logische, rationale Entscheidungen, die auf einer vernünftigen Analyse der vorliegenden Informationen beruhen. Richtig?

Nun, manchmal. Aber in den 1970ern und 1980ern entwickelten die Psychologen Daniel Kahneman und Amos Tversky eine Theorie, die alle traditionellen ökonomischen Vorstellungen herausforderte. Nach der Prospekttheorie unterliegen wir unbewussten Verzerrungen (Bias) und mögen alle möglichen Arten von Abkürzungen, die uns schnell einmal irrationale Entscheidungen treffen lässt.

Ein Beispiel für einen Bias: Wir wollen nicht verlieren. Der Schmerz über den Verlust von 1000 Euro kann nur durch Gewinn einer höheren Summe gelindert werden – einige Studien geben dafür den doppelten Betrag an. Sich nach einem Verlust verstärkt dem Glücksspiel hinzugeben, ist so ein Bias.

Generell nehmen wir Abkürzungen bei Entscheidungen, wenn wir nicht über alle Informationen verfügen. Wir bemühen uns, die Informationen zu verarbeiten oder wir fühlen den Druck, schnell zu handeln. Unter solchen Umständen kann die Abkürzung unsere einzige Option sein, aber das muss nicht schlimm sein.

Kahneman beschrieb logisches, bewusstes Denken unter sorgfältigem Abwägen von Pros und Kontras als langsames, „System 2"-Denken. In einigen Situationen ist das eindeutig das beste Vorgehen. In unsicheren oder wirklich sehr komplexen Situationen allerdings könnten wir das schnelle, „System 1"-Denken anwenden. Dieser Denktyp lässt sich zwar durch möglicherweise schädliche Bias beeinflussen, aber er lässt auch Raum für Intuition.

Intuition erwächst aus impliziertem Wissen – Wissen, das aus unseren Erfahrungen stammt und automatisiert ist, zum Beispiel die Fähigkeit, Fahrrad zu fahren. Vielleicht können wir dieses Wissen nicht erklären (und es kann stückhaft und nicht perfekt sein), aber wir können es nutzen. Denken Sie an einen Anleger, der überlegt, ob er eine Aktie kaufen oder verkaufen soll. Die sorgfältige, logische Entscheidung fällt ihm schwer, aber seine Intuition – durch Erfahrung erworben – kann eine Abkürzung zur richtigen Wahl bedeuten. Und so kann eine Abkürzung voller Risiko sein, aber auch manchmal der beste Weg.

HEURISTIKEN

NEBRASKA

KANSAS

Heuristiken sind geistige Abkürzungen, die unsere kognitive Last reduzieren, aber zu falschen Folgerungen führen können. Eine Form, die „Verfügbarkeitsheuristik", kommt zum Einsatz, wenn wir die Häufigkeit eines Ereignisses bewerten. Oft zitiert wird dies: Menschen werden gefragt, ob es mehr Tornados in Kansas oder Nebraska gibt. Meist antworten sie mit „Kansas", einfach, weil sie sich an das berühmte Beispiel aus dem Film Der Zauberer von Oz erinnern.

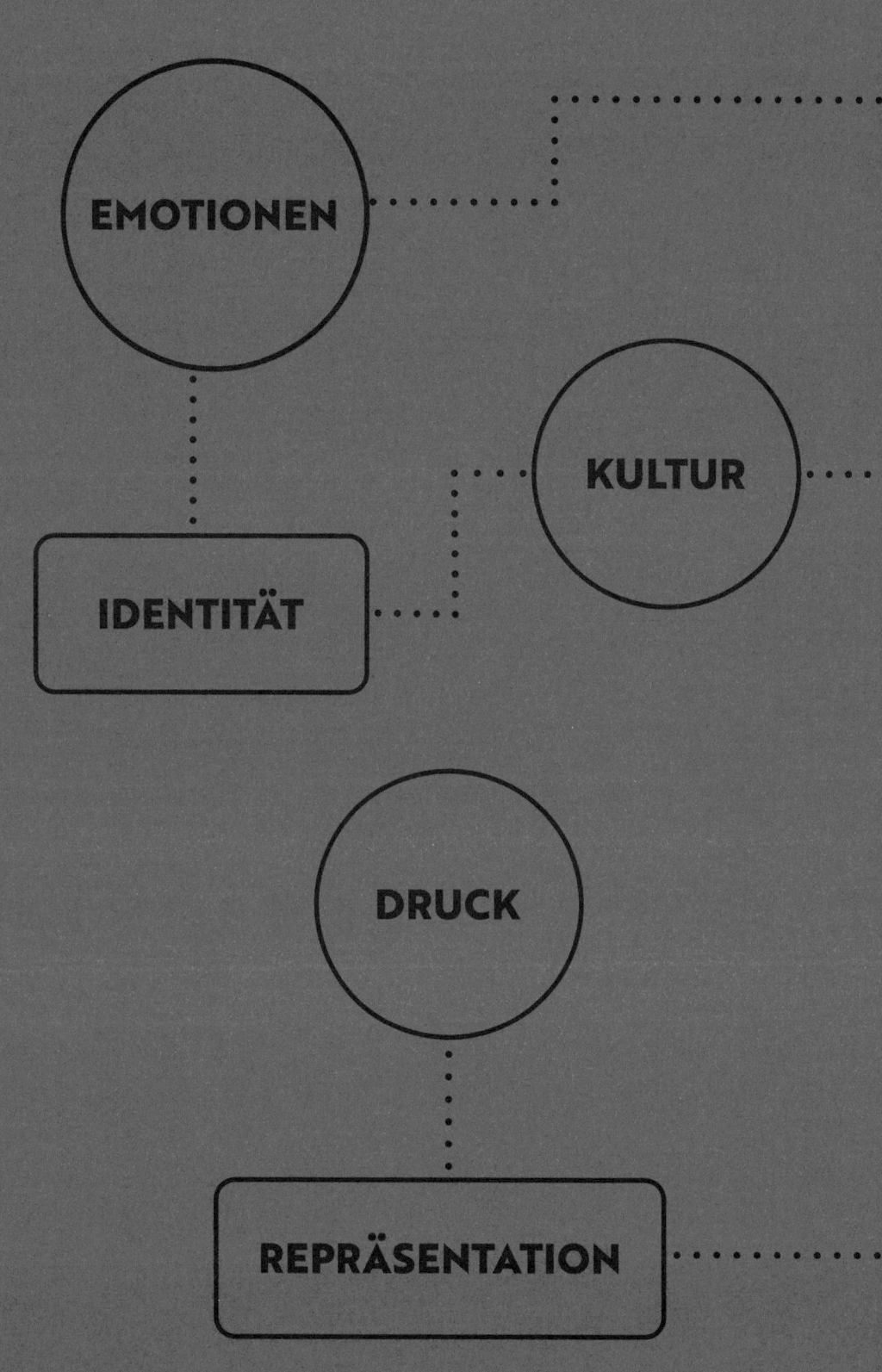

KAPITEL 2

SOZIAL-PSYCHOLOGIE

KONFORMITÄT

KONTROLLE

UMFELD

EINFÜHRUNG

Auf sich gestellt, riskieren Sie möglicherweise alles, um jemandem in Not zu helfen. In einer Gruppe aber kann es sein, dass der Wunsch, dazuzugehören, Ihren Drang, zu retten, überlagert. Die Macht von Gruppen zu verstehen, wie und warum sie uns formt, ist das Herzstück der Sozialpsychologie.

Gruppen, auch unsere kulturelle Gruppe, wirken sich auf unser Denken und Verhalten aus, darauf, wie wir uns fühlen und wie wir die Gefühle anderer wahrnehmen. Ob uns unsere Gefühle tatsächlich ins Gesicht geschrieben stehen, ist fraglich. Aber es herrscht Einstimmigkeit darüber, dass unsere **EMOTIONALEN GESICHTSAUSDRÜCKE** Hinweise auf unsere Gefühle geben. Ekman nannte sieben Grundemotionen, die wir durchleben und in anderen erkennen: Wut, Ekel, Angst, Freude, Verachtung, Trauer und Überraschung.

Gruppen beeinflussen, ob wir jemanden aus einer Notlage helfen. Unterlassen wir es, sagen Psychologen, könne das am **BYSTANDER-EFFEKT** liegen, bei dem die Anwesenheit von anderen unseren Drang, einzugreifen, schwächt. Ganz bestimmte Gruppeneigenschaften heben den Effekt auf: Menschen helfen Frauen eher, wenn alle Zuschauer Frauen sind, oder wenn sie viele Menschen in der Gruppe kennen.

Man könnte sagen, in der Gruppe handeln wir wie Schafe. **SOLOMON ASCH** nannte dieses Phänomen in den 1950ern **GRUPPENKONFORMITÄT**. Dem zugrunde lagen seine Studien, in denen er testete, ob Menschen bewusst falsche Antworten geben würden, wenn sie mitbekamen, dass jemand in ihrer Gruppe falsch geantwortet hatte. Ja, sie taten es.

Sich für das Einfache statt für das Beste zu entscheiden, bedeutet, Verantwortung an Autoritätspersonen abzugeben. Dieses Phänomen ist Thema von **MILGRAMS ELEKTROSCHOCK-EXPERIMENT**. Milgram stellte fest, dass jemand, der einen Laborkittel trug und sich autoritär verhielt, Menschen dazu brachte, die Intensität der Elektroschocks, die sie für echt hielten, und die sie angeblich einer anderen Person verabreichten, gefährlich zu erhöhen.

Vielleicht noch faszinierender ist es, wann wir uns widersetzen. Es scheint, wir überschreiten die Grenze zu unvernünftigen Befehlen nicht so leicht, wenn sie jemand erteilt, der lässig gekleidet ist.

HENRI TAJFEL entdeckte, dass Gruppen, die aufgrund trivialer Eigenschaften zusammengestellt wurden, ihre Mitglieder auf ähnliche Weise beeinflussen, wie Gruppen, die bedeutungsvolle Verbindungen, wie Alter oder Geschlecht, haben. Auf dieser Grundlage erarbeiteten Tajfel und Turner die **THEORIE DER SOZIALEN IDENTITÄT**, die erklärt, warum Menschen sich bemühen, sich schnell auf andere auszurichten. Sie sagten, die Zugehörigkeit zu einer Gruppe verleiht Menschen ein Gefühl von Sinn.

Eine der besten Arten, den Vorzugsbias der Gruppe zu umgehen, ist es, Mitgefühl auf Menschen außerhalb der Gruppe auszuweiten. Eine mitfühlende Haltung kann unsere Tendenz, Attributionsfehler zu begehen, aushebeln, etwa die Schlussfolgerung, dass jemand, der sich schlimm verhält, ein böser Mensch ist, anstatt die Umstände zu berücksichtigen.

KARTE DER SOZIALPSYCHOLOGIE

ÖFFENTLICHKEITSTHEMA

Wenn ein Thema in Alltagswissen einfließt und allgemein viel besprochen wird.

GEMEINSAME SPRACHE

Ausdrücke, die weit verbreitet und verwendet werden. Hilft, komplexe Ideen in den Alltag einzubinden.

KOLLEKTIVISTISCHE KULTUREN

Gesellschaften, in denen das Allgemeinwohl einer Gruppe als Ganzes wichtiger ist als individuelle Bedürfnisse und Wünsche.

MOSCOVICIS SOZIALE REPRÄSENTATIONEN

Individuen und Gesellschaften nähern sich schwierigen Konzepten an, indem sie alternative Versionen erschaffen, zu denen sie leichter Zugang haben.

CHARLES DARWIN

Englischer Naturforscher, Geologe und Biologe (1809–1882), berühmt für seine Evolutionstheorien. Er meinte, emotionale Gesichtsausdrücke sind das Ergebnis einer geteilten Biologie.

EMOTIONALE GESICHTSAUSDRÜCKE

Darwin glaubte, diese seien universell und angeboren. Ekman identifizierte sieben Grundemotionen: Wut, Verachtung, Ekel, Angst, Freude, Trauer und Überraschung.

INGROUP/OUTGROUP-BIAS

Sich an die Gruppe anpassen / die außerhalb der Gruppe diskriminieren – unabhängig davon, wie schwach die Kriterien der Gruppen formuliert sind.

THEORIE DER SOZIALEN IDENTITÄT

Menschen möchten sich schnell anderen anschließen, denn eine Gruppenzugehörigkeit bedeutet soziale Identität, die sinnstiftend ist (Tajfel und Turner).

HENRI TAJFEL

Polnischer Sozialpsychologe (1919–1982), demonstrierte in den 1960ern die willkürliche Natur von Gruppengrenzen mit seinen „Minimalgruppen"-Experimenten.

KULTUR

SOZIALE EINFLÜSSE

UMWELTFAKTOREN

Einflüsse äußerer Quellen auf unser Verhalten und/oder unsere Handlungen, etwa den Umständen, in denen wir uns befinden.

EDWARD JONES

Amerikanischer Psychologe (1928–1993), der 1967 herausfand, dass Menschen das Verhalten anderer anhand von Eigenschaften beschreiben, die etwas Fundamentales über sie als Individuen aussagen .

FUNDAMENTALER ATTRIBUTIONSFEHLER

Überschätzung der individuellen Eigenschaften einer Person auf deren Handlung, Unterschätzung der gegebenen Situation oder der Umweltfaktoren.

INDIVIDUALISTISCHE KULTUREN

Gesellschaften, in denen individuelle Bedürfnisse und Wünsche den Vorrang vor denen einer Gruppe als Ganzes haben. Anfällig für fundamentale Attributionsfehler.

GRUPPENKONFORMITÄT

Der Herde folgen und durch Mehrheit umgestimmt werden. Abhängig von Faktoren wie Kultur, Gruppenidentität und der politischen Atmosphäre der Zeit.

MILGRAMS ELEKTROSCHOCK-EXPERIMENT

Kontroverses Experiment, bei dem Probanden die Verantwortung an Autoritäten abgaben und die Stärke der angeblich verabreichten Stromstöße immer weiter erhöhten.

SOZIALER DRUCK

Die Macht einer Gruppe, das Urteil eines Einzelnen zu beeinflussen, bis Konformität entsteht.

SOLOMON ASCH

Polnisch-amerikanischer Psychologe (1907–1996), der anhand einiger Experimente in den 1950ern untersuchte, wie und warum Menschen sich an andere anpassen.

BYSTANDER-EFFEKT

Die Anwesenheit anderer hemmt unseren Drang, einzugreifen. Verschiedene Merkmale der Gruppe, wie Gender und Bekanntheit, wirken sich anders aus.

UPSTANDER

Jemand, der eingreift, statt zuzuschauen, für ein Individuum oder eine Sache spricht und dafür eintritt.

Erleben wir alle dieselben Gefühle?

⟶ **Sollte man glauben, bedenkt man, dass wir uns alle dieselbe Biologie teilen. Doch es ist ein wenig komplizierter. Die Gefühle, die wir erleben – und wie wir sie ausdrücken –, sind häufig eine Folge der Kultur.**

Gefühle sind äußerst wichtige Überlebenshilfen. Mit ihnen teilt uns der Körper mit, dass sich etwas verändert hat und wir unsere Aufmerksamkeit darauf richten sollen.

Die Vorstellung, dass alle Menschen dieselben Gefühle erleben, geht auf Charles Darwin zurück. 1872 argumentierte er, dass emotionale Gesichtsausdrücke universell und angeboren sind, Resultate gemeinsamer Biologie. Seitdem haben Wissenschaftler einige Beweise gefunden, die diese Ansicht untermauern. Der Psychologe Paul Ekman identifizierte sieben Grundemotionen – Wut, Verachtung, Ekel, Angst, Freude, Trauer und Überraschung –, die jeder fühlt und bei anderen erkennt, unabhängig von Ethnie, Sprache, Kultur oder Wohnort.

In jüngerer Zeit sind Forscher zu anderen Ergebnissen gekommen und geben an, dass emotionale Ausdrücke komplexer sind, als Darwin angenommen hatte. Wie wir emotional in einer Situation reagieren, sei durch unsere Kultur beeinflusst. Der westliche Gesichtsausdruck für Ekel könne von jemandem aus Papua-Neuguinea als Angst interpretiert werden. Bestimmte emotionale Zustände scheinen bestimmten Kulturen eigen zu sein. Japaner sind *arigata-meiwaku*, wenn ihnen jemand einen unerwünschten Gefallen tut, für den sie sich zu Dank verpflichtet fühlen. So geht es vermutlich allen bisweilen, aber in Japan gibt es ein eigenes Wort dafür, denn dort ist es wichtig, mit Mitgliedern der eigenen sozialen Gruppe respektvoll umzugehen, selbst wenn es einen wurmt.

Gefühle können sehr speziell und individuell sein. Der Erregungszustand, den eine Person als Angst erlebt, ist für eine andere Person Aufregung. Und es gibt mehr als eine Art, Wut oder Trauer, Freude oder Überraschung, Zufriedenheit oder Ehrfurcht auszudrücken. Das alles macht die Kommunikation mit anderen schwieriger, als wenn alle Gefühle universell wären. Der vermutlich einzige Weg, um sicher zu sein, was das Gegenüber fühlt, wenn der Gesichtsausdruck sich verändert, ist, zu fragen.

EMOTIONALE GEFÜHLSAUSDRÜCKE

1. FREUDE

2. WUT

GESICHTER IN RUHE

3. ANGST

Die meisten Menschen zeigen ihre Gefühle, ohne darüber nachzudenken. Die geläufigsten Gefühle haben eine eindeutige Mimik. So stehen angehobene Wangen, Fältchen um die Augenwinkel und ein breites Lächeln für Freude (1). Schmale Lippen, große Augen und herunter- oder zusammengezogene Augenbrauen drücken Wut aus (2), während das Angstgesicht durch hochgezogene obere Augenlider und Augenbrauen sowie zurückgezogene Lippen gekennzeichnet ist (3). Wenn Sie diese Mimiken nachstellen, kann es sein, dass Sie die jeweiligen Gefühle empfinden.

Würden Sie einen Mord verhindern?

→ Würden wir doch alle – denken wir zumindest. Aber unsere gewählte Handlung hängt von mehreren Faktoren ab, am stärksten von der Anzahl der uns umgebenden Menschen und wer sie sind.

Es scheint der Intuition völlig zuwiderzulaufen, aber es ist wohl so, dass es schwerer ist, inmitten einer Menschengruppe ein guter Samariter zu sein. Dieses Phänomen ist als Bystander-Effekt (Zuschauer-Effekt) bekannt und gibt Psychologen seit Jahrzehnten Rätsel auf. Der Bystander-Effekt war 1964 nach dem Mord an der 28-jährigen Kitty Genovese in Queen, New York ein Thema. Die New York Times berichtete, dass 38 Menschen den Überfall beobachteten, ohne einzugreifen. Das war übertrieben, aber seitdem haben viele experimentelle Studien ergeben, dass es den Effekt gibt – mit einigen wichtigen Vorbehalten.

Warum sollte uns die Anwesenheit von anderen davon abhalten, zu helfen? Dafür gibt es mehrere mögliche Gründe. Wir hoffen und erwarten, dass jemand anderes die Verantwortung übernimmt. Wir sind besorgt, dass wir vor all den Menschen inkompetent wirken könnten. Oder wir machen das, was wir meist in ungewohnten Situationen machen und schauen, was die Menschen um uns herum machen. Denn, wenn niemand reagiert, warum sollten wir?

Die Passivität der Zuschauer scheint in einigen Situationen ausgeprägter zu sein als in anderen, wobei Geschlecht und Bekanntheit Schlüsselrollen spielen. Eine weibliche Person schreitet eher ein, wenn das Opfer und alle Beobachter weiblich sind. Ein Mann hilft eher, wenn er der einzige Mann in der Gruppe ist. Ein Eingreifen ist allgemein wahrscheinlicher, wenn alle Zuschauer einander kennen und Teil einer verbundenen Gruppe sind.

Können wir unsere Chancen, einzugreifen, erhöhen – und so Helfer statt Zuschauer werden? Eine Taktik wäre, das Opfer als Teil unserer eigenen sozialen Gruppen anzusehen oder sich darauf zu fokussieren, was wir mit ihm gemeinsam haben. Um die menschliche Natur auszutricksen, gehen wir eher das Risiko ein, zu handeln, wenn wir denken, die Person ist „jemand von uns".

ZUSCHAUEN ODER EINGREIFEN

Freunde stärken uns in allen möglichen Situationen, sogar in gefährlichen. Nur wenige von uns schreiten ein, wenn wir inmitten einer Menge stehen und jemanden in Not sehen. Unter Freunden gibt es meist jedoch keinen Mangel an potenziellen Helden. Von Menschen umgeben zu sein, die wir kennen und denen wir vertrauen, scheint unser soziales Verantwortungsgefühl zu verstärken und uns entschlossener handeln zu lassen.

Sind Menschen also nur Schafe?

➡ Das wäre Schafen gegenüber ein wenig unfair, denn sie sind schlauer, als allgemein angenommen wird. Es stimmt, dass Menschen manchmal blind anderen hinterherlaufen, aber meist gibt es einen guten Grund dafür.

Die verbreitete Vorstellung, dass sich Menschen daran anpassen, was andere in ihrer Umgebung machen oder denken, ist Resultat mehrerer Experimente, die der amerikanische Psychologe Solomon Asch in den 1950ern durchführte. Asch wollte wissen, wie sozialer Druck die Urteilsfähigkeit verändert. Er lud Freiwillige in sein Labor sein, wo sie auf eine Gruppe von sieben Personen trafen, die alle – was den Freiwilligen unbekannt war – Mitarbeiter von Asch waren. Er zeigte der Gruppe zwei Karten. Auf einer war ein senkrechter Strich zu sehen, auf der anderen drei unterschiedlich lange Striche, von denen einer genauso lang war wie der auf der anderen Karte. Dann bat er jedes Gruppenmitglied, den identischen Strich zu finden.

Eine vermeintlich leichte Aufgabe – jeder Freiwillige hätte auf sich allein gestellt sicher die richtige Antwort gegeben. Aber in zwölf von achtzehn Runden ließ Asch seine Kollegen falsche Antworten hereinrufen und absichtlich Striche benennen, die eindeutig länger oder kürzer als der Referenzstrich waren. In diesen zwölf Runden gaben 76 Prozent der Freiwilligen mindestens einmal eine falsche Antwort, wobei sie ihr eigenes Urteil ignorierten und sich der (falschen) Meinung der Mehrheit anpassten.

Das Experiment wurde seither viele Male unter wechselnden Bedingungen wiederholt. Die Ergebnisse zeigen, dass Konformität zwar ein echtes Phänomen ist, aber von Faktoren wie Kultur, Identität der Gruppe und sogar der herrschenden politischen Atmosphäre abhängt. So passen sich Menschen in kollektivistischen Kulturen wie etwa China und Japan eher an als in individualistischen Kulturen, wie Europa oder den USA. Freiwillige, die sich stark mit der Gruppe identifizierten (hinsichtlich Alter oder Ethnizität, zum Beispiel), passen sich eher an. Die Stufen der Konformität liegen heute niedriger als in den 1950ern – zumindest in den USA –, womöglich, weil moderne Gesellschaften weniger konservativ sind und Studenten heute mehr hinterfragen.

Es wäre im Übrigen eine Überraschung, wenn wir dem Gruppenzwang nicht nachgeben würden, sind wir doch soziale Wesen – allein dazustehen, kann gefährlich sein und erfordert Mut.

EXPERIMENT ZUM SOZIALEN DRUCK

Asch stellte den Freiwilligen in seinem Experiment zum sozialen Druck eine einfache Frage: Welche der Striche A, B oder C ist so lang wie der einzelne? Die Antwort ist C. Als aber Asches Kollegen in der Gruppe absichtlich falsche Antworten gaben, taten es ihnen dreiviertel der Freiwilligen nach und ließen sich überzeugen, statt ihrer eigenen Meinung zu vertrauen. In einer solchen Situation ist es fast unmöglich, vorherzusehen, wie wir reagieren werden.

Wann hören wir auf, Befehle zu befolgen?

→ Das hängt davon ab, wer sie erteilt. Unsere Neigung, Autoritäten zu gehorchen, lässt uns Dinge tun, mit denen wir nicht einverstanden sind, denn Umstände und Beteiligte haben großen Einfluss auf unsere Entscheidung.

Sie haben vermutlich von Stanley Milgrams berühmtem Elektroschock-experiment gehört. Wie viele seiner Kollegen in den 1950ern und 1960ern, war Milgram stark beeinflusst durch die Gräuel des Zweiten Weltkriegs. Er erdachte ein Experiment, mit dessen Hilfe er verstehen wollte, was normale Menschen dazu bringt, furchtbare Dinge zu tun. Diese Frage wurde nicht vollständig beantwortet, aber das Experiment brachte viele Erkenntnisse darüber, wann Menschen Befehle befolgen – und wann nicht.

Es funktionierte folgendermaßen: Milgram sagte seinen Freiwilligen, dass das Experiment dazu diente, die Effekte von Bestrafung auf das Lernen herauszufinden. Die Freiwilligen über-nahmen dabei die Rolle der „Lehrer" und sollten einem „Schüler" einen Elektroschock verpassen, wenn er sich nicht an ein Wort aus einer Liste mit Wortpaaren erinnerte. Tatsächlich war der Schüler Milgrams Mitarbeiter und erhielt nie einen Stromschlag, aber seine fingierten Schreie überzeugten den Lehrer, dass die Stromstöße bei ihm ankamen.

Der Leiter des Experiments, der einen weißen Kittel trug und Autorität ausstrahlte, er-munterte die Freiwilligen, die Stromstärke nach jeder falschen Antwort zu erhöhen. Zu Milgrams Erstaunen folgten Zweidrittel der Aufforde-rung, sogar bis zu einem Maximalwert von 450 Volt, weit über den Moment hinaus, in dem der Schüler anscheinend das Bewusstsein verloren hatte. Das Resultat wird häufig als Beweis dafür herangezogen, dass Menschen die Verantwor-tung für ihre Handlung automatisch an Autori-tätspersonen übertragen, auch wenn ihnen das Ergebnis widerstrebt. Aber das Experiment vermittelt nicht das ganze Bild. Milgram führte noch mehr als 30 nicht so bekannte Variationen des Experiments durch, die sehr abweichende Resultate brachten.

So waren die Freiwilligen weniger gehorsam, wenn der Leiter nicht im selben Raum war. Oder wenn das Experiment in einer Industriestadt durchgeführt wurde statt in der illustren Um-gebung einer Eliteuniversität. Oder wenn der Experimentleiter keinen weißen Kittel trug und normaler wirkte. Oder wenn der Freiwillige mit zwei Personen zusammensaß, die sich weiger-ten, weiterzumachen. Das lässt vermuten, dass unsere Tendenz, Befehle auszuführen, stark vom Kontext abhängt.

MILGRAMS SCHOCKEXPERIMENT

Milgram baute sein Schockexperiment sehr simpel auf. Der Freiwillige (der „Lehrer") sollte einem „Schüler" Wortpaare vorlesen, zum Beispiel blaue Schachtel, schöner Tag, wilde Ente, die der Schüler sich einprägen sollte. Immer, wenn dem Schüler etwas nicht einfiel, betätigte der Lehrer einen Schalter, womit er dem Schüler angeblich einen elektrischen Schlag verpasste. Nach jedem Fehler sollte die Stromstärke erhöht werden, der Leiter ermunterte dazu, trieb den Lehrer an oder gab ihm den Befehl dazu, wenn dieser zögerte. Die Stärke begann bei 15 und steigerte sich in 15-Volt-Schritten bis zu 450. Wie weit würden Sie gehen?

Dreht sich alles um „uns" und „die anderen"?

→ Auf einer bestimmten Ebene, ja. Das Gruppenleben formt so ziemlich alles, was wir machen, und eine Bevorzugung der eigenen Gruppe scheint unvermeidlich. Aber darüber muss nicht gleich ein Krieg entbrennen.

Menschen haben sich so entwickelt, dass sie in Gruppen leben, es ist fast unmöglich, diesem Impuls nicht zu folgen. Wir stecken uns instinktiv mit anderen in eine Kategorie, von denen wir denken, dass sie uns ähnlich sind bezüglich Herkunft, Rasse, Nationalität, Religion, Alter, Geschlecht und so weiter und ziehen sie denen vor, die wir für anders halten.

Es braucht nicht viel, um ein Gefühl von „wir" und „sie" zu erzeugen. Wir machen das in den kleinsten Zusammenhängen, wie der Haarlänge oder der Augenfarbe. Der Psychologe Henri Tajfel demonstrierte in den 1960ern die beliebige Natur von Gruppenbindung mit seinen „Minimalgruppen" an der Universität von Bristol. Er stellte fest, dass Menschen bereitwillig gegen andere vorgehen, wenn es sich um etwas so Belangloses dreht wie das Schätzen der Anzahl von Punkten auf einem Monitor. Outgroup-Bias, so der Ausdruck dafür, wird schnell ausgelöst, schloss er.

Tajfel und sein Kollege John Turner entwickelten die Theorie der sozialen Identität, um zu erklären, warum Menschen sich so schnell mit anderen ausrichten. Sie glaubten, dass die Mitgliedschaft in einer Gruppe uns dabei hilft, zu definieren, wer wir sind, und dass uns diese soziale Identität Sinn verleiht. Außerdem hat die soziale Identität große Auswirkungen auf unser Verhalten und unser Denken. Sie ist nicht dauerhaft: Wir können zu mehreren Gruppen gehören und uns in jeder anders benehmen.

Es kann sich großartig anfühlen, zu einer Gruppe zu gehören. Die Kehrseite ist, dass es unsere Herzen denen gegenüber hart werden lassen kann, die nicht Teil davon sind. In fast allen Konflikten spielen Gruppenvorurteile eine Rolle. Vorurteile sind nicht unvermeidlich, obwohl ein Ingroup-Bias ohne Outgroup-Feindseligkeit existieren kann. Es ist möglich, eine tiefe Loyalität für die eigene Gruppe zu empfinden und dennoch freundlich mit Außenstehenden umzugehen – oder anders ausgedrückt: Sie können ein Fan vom FC Liverpool sein, aber trotzdem mit Manchester City-Fans abhängen. Dafür ist Toleranz nötig und die Akzeptanz, dass andere Menschen anders sein dürfen als wir – das könnte die größte Herausforderung unserer Epoche sein.

DIE EXPERIMENTE MIT „MINIMALGRUPPEN"

Tajfel prüfte seine Gedanken über soziale Vorurteile, indem er mehrere Dutzend Schüler einer örtlichen Schule in zwei Gruppen teilte. Die Gruppen bestimmte er bewusst anhand läppischer Kriterien, zum Beispiel, ob sie die Anzahl von Punkten auf einem Monitor zu hoch oder zu niedrig einschätz-ten. Dann bat er jeden Schüler darum, einen Geldbetrag unter ihren Schulkameraden aufzuteilen. Zu Tajfels Erstaunen gaben die meisten Schüler denen aus ihrer doch eigentlich so unbedeutenden Gruppe mehr Geld: Punktunterschätzer diskriminierten zugunsten ihrer Punktunterschätzerkollegen.

Gruppe 1: Unterschätzung

Gruppe 2: Überschätzung

Outgroup-Bias

Wie etablieren sich Ideen?

⟶ Wissenschaftliche Ideen durchlaufen einen sozialen Filter, der sie greifbarer und teilbarer macht. Wir werden auf diese Weise am Küchentisch zu Experten für komplexe Themen wie das Multiversum oder Gentechnik.

Zwischen wissenschaftlichen Ideen und der Art, wie sie von der Öffentlichkeit verstanden werden, gab es immer schon eine Spannung. Wer von uns keinen akademischen Hintergrund besitzt, dem erscheinen wissenschaftliche Theorien bisweilen unzugänglich und rätselhaft. Dennoch schaffen es viele, ins allgemeine Verständnis einzusickern und damit öffentliches Thema zu werden. Wir brauchen keinen Abschluss in Biologie, um die Basisprinzipien des egoistischen Gens beispielsweise zu verstehen und darüber vor Freunden zu dozieren.

Der französische Sozialpsychologe Serge Moscovici wandte einen Großteil seines Berufslebens für die Erforschung auf, wie die Assimilation komplexen Denkens in allgemeines Verständnis vor sich geht. Er meinte, dass sich Individuen und Gesellschaften schwierige Konzepte erschließen, indem sie alternative Versionen erschaffen, die sich leichter nachvollziehen lassen. Er nannte diese Versionen soziale Repräsentationen. Sie helfen dabei, das „Unvertraute vertraut zu machen", wie er sagte. Sie können durch eine Sprache erklärt werden, die jeder versteht, anders als der obskure akademische Jargon. Entscheidend ist, dass sie es der Gesellschaft ermöglicht, zu diskutieren und sich eine eigene Meinung über eine Idee zu bilden, die sonst außerhalb unserer Reichweite wäre.

Moscovici entwickelte seine Theorien in den 1960ern in Paris, wo er sich auf die Psychoanalyse fokussierte. Er wählte diese Disziplin, weil sie zwar kontrovers war, aber dennoch unter Laien in Frankreich damals sehr beliebt. Damit seine Methoden und Grundlagen diskutiert werden konnten, mussten sie in eine Sprache übersetzt werden, die allgemein verständlich war. Moscovici bemerkte, dass Menschen über Psychoanalyse auf eine Weise sprachen, die ihre Alltagserfahrungen ansprach. So verglichen sie etwa ein psychoanalytisches Gespräch mit einer Beichte.

Soziale Repräsentationen wissenschaftlicher Ideen sind in unserer Zeit besonders wichtig, wir haben es mit existentiellen Themen zu tun, wie dem Klimawandel und Verlust der Biodiversität. Solche Probleme fanden sich früher nur in akademischen Fachzeitschriften. Die Entwicklung einer allgemeinen Sprache für diese Themen erlaubt es uns heute, sie in unser tägliches Denken aufzunehmen – und global Druck zu machen, damit etwas unternommen wird.

SOZIALE REPRÄSENTATION

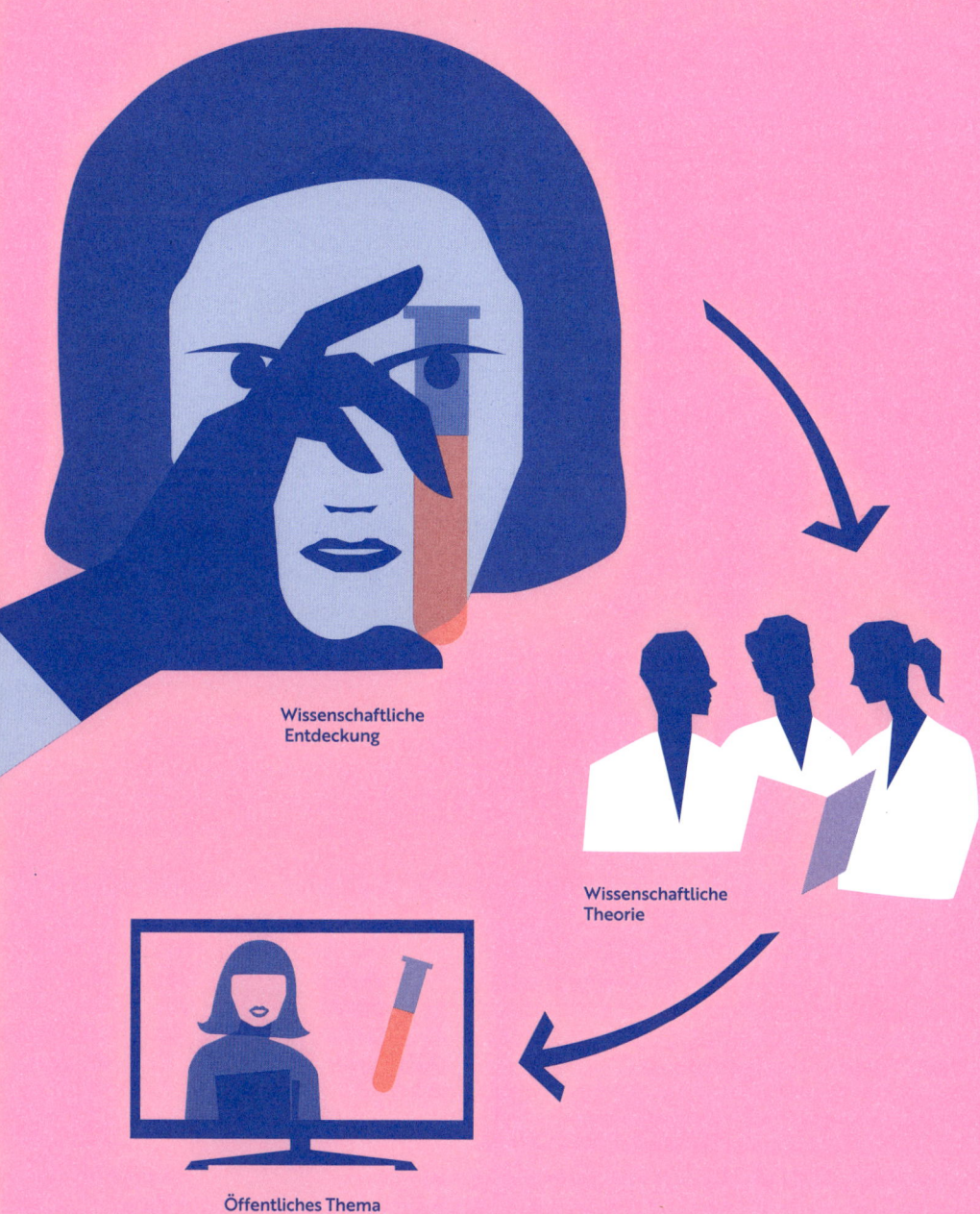

Wissenschaftliche Entdeckung

Wissenschaftliche Theorie

Öffentliches Thema

Moscovicis Theorie der sozialen Repräsentationen erklärt, wie wissenschaftliche Entdeckungen und Theorien in Konzepte übersetzt werden, die von der Allgemeinheit verstanden und diskutiert werden können.

Wissenschaftler konzentrieren sich eher auf die Mechanismen der Entdeckung und die Theorie dahinter, im öffentlichen Gespräch dreht es sich um die möglichen Folgen auf unser Leben.

Warum haben Sie das getan?

→ **Wenn jemand etwas Schlimmes anstellt, neigen wir dazu, anzunehmen, dass es etwas Grundsätzliches über ihn aussagt und derjenige ein schlimmer Mensch sein muss. Damit liegen wir häufig falsch.**

Stellen Sie sich vor, Sie rufen bei Ihrer Bank an, um über eine Kontoüberziehung zu sprechen, und die Person dort ist unerklärlich gleichgültig oder belehrend. Ihre umgehende Reaktion ist sicher „Was für ein unfreundlicher Mensch!". Sie gehen davon aus, dass das Verhalten die Person widerspiegelt.

Das wäre eine absolut normale Reaktion, aber die Chancen stehen gut, dass Sie dem aufgesessen sind, was Psychologen einen fundamentalen Attributionsfehler nennen. Das ist die Tendenz, die Wirkung der Eigenschaften einer Person auf das, was sie tut, zu übertreiben, und die Situation nicht ausreichend zu berücksichtigen. Zwar beeinflussen Eigenschaften und Temperament unser Verhalten, diese Charakteristika werden aber häufig übertroffen durch Umweltfaktoren, wie etwa der Lage, in der wir uns befinden. Der Bankangestellte, der Sie am Telefon unschön behandelt hat, ist vermutlich kein Soziopath. Wahrscheinlicher ist, dass er mit einer angespannten Situation umgehen musste, etwa einer aufreibenden Fahrt zur Arbeit.

Der fundamentale Attributionsfehler wurde nach einem Experiment von Edward Jones 1967 zu einer wichtigen Idee in der Sozialpsychologie. Jones erkannte, dass Menschen das Verhalten anderer mit Eigenschaften erklärten, von denen sie annahmen, sie würden etwas Fundamentales über eine Person aussagen, selbst wenn es deutlich war, dass das Verhalten mit Ereignissen außerhalb ihrer Kontrolle verbunden war. Spätere Experimente zeigten, dass der fundamentale Attributionsfehler durch die Kultur beeinflusst wird, und Menschen aus individualistischen Kulturen eher dazu neigen als Menschen aus kollektivistischen Kulturen.

Fundamentale Attributionsfehler können damit erklärt werden, dass wir glauben, durch sie mehr Kontrolle über unser Leben auszuüben. Wenn jeder vollumfänglich für sein Verhalten verantwortlich ist, lässt es sich leicht beschuldigen und an eine gerechte Welt denken. Die Vorstellung, dass Verhalten unvorhersehbar ist und durch eine sich ständig verändernde Umgebung geformt wird, ist beunruhigend. Aber wenn wir uns damit abfänden, könnten wir anderen gegenüber versöhnlicher auftreten.

DER FUNDAMENTALE ATTRIBUTIONSFEHLER

Zum ersten Mal erblickte der fundamentale Attributionsfehler in einem klassischen Experiment von Jones und Harris das Licht der Welt. Sie ließen Freiwillige Aufsätze lesen, die entweder pro oder contra Fidel Castro waren. Hinterher sollten sie einschätzen, wie die Autoren zu dem kubanischen Anführer standen. Erfuhren die Freiwilligen, dass die Autoren ihre eigene Haltung frei wählen durften, nahmen sie generell an, dass die, die in ihrem Essay Castro unterstützten, so auch zu ihm standen. Hieß es aber, dass ihnen die Richtung vorgegeben war, nahmen sie dennoch an, dass der Text ihre Meinung widerspiegelte. Sie schienen eine wichtige Information nicht einzubeziehen: Die Wahl der Autoren war nicht die eigene.

KONDITIONIERUNG

ASSIMILATION

GEDÄCHTNIS-
KONSOLIDIERUNG

VERHALTEN

KAPITEL 3

LERNEN

AKKOMMODATION

VERAR-
BEITUNG

SCHEMA

Bankdrücken mag Ihre Muskeln kräftigen, aber das Erlernen neuer Fähigkeiten stärkt Neuronen und lässt sie wachsen. Von der Wiege bis ins Erwachsenenalter ist was und wie wir lernen die Kernursache für unser Verhalten. In diesem Kapitel tauchen wir tief ein in die bahnbrechendsten Erkenntnisse der Psychologie darüber, wie und warum wir so lernen, wie wir lernen.

Die Verhaltensforschung, von Watson in den frühen 1900er Jahren als Behaviourismus geprägt, erkannte den Wert, in die Natur zu gehen, wenn es ums Lernen ging. Verbindungen zu schaffen, wurde als zentral dafür angesehen, wie wir Gewohnheiten entwickeln, die uns zufriedenstellen und uns antreiben, von Sport treiben bis rauchen. **IWAN PAWLOW** entdeckte, dass er Hunde zum Speicheln bringen konnte, wenn er vor der Fütterung eine Glocke läutete. Die Hunde lernten, dass der Klang das Essen ankündigte und sabberten los, wenn die Glocke erklang. Als **KLASSISCHE KONDITIONIERUNG** tritt dieses Lernverhalten auf, wenn wir zwei nicht verbundene Stimuli miteinander verknüpfen.

Belohnung und Bestrafung sind andere Wege zum Lernen, die **B. F. SKINNER** als **OPERANTE KONDITIONIERUNG** bezeichnete. Verhalten, für das es Belohnung gibt, wird eher wiederholt. Wenn Ihr Ehepartner also den Müll rausträgt und Sie ihn mit einem freundlichen Wort belohnen oder einem selbstgekochten Abendessen, helfen Sie ihm, zu lernen, dass gute Dinge passieren, wenn er den Müll wegbringt, was er dann vermutlich öfter erledigen wird. Die Theorie sagt, dass wir ein Verhalten verlernen können, wenn die Belohnungen ausbleiben oder das Verhalten mit Bestrafung verbinden.

Kinder lernen viel über Verhalten durch Konditionierung und viel über Kommunikation durch Imitation. **BANDURAS THEORIE DES SOZIALEN LERNENS** besagt, man sollte die Prozesse berücksichtigen, die nötig sind, um Verhalten effektiv zu kopieren, also Aufmerksamkeit, Gedächtnis und Motivation. Aber es war **PIAGETS THEORIE DER KOGNITIVEN ENTWICKLUNG**, die beschrieb, wie Kinder sich auf dem Weg zum Erwachsenwerden die Welt erschließen. Kleinkindern fällt es schwer, zu verstehen, was andere Menschen denken, aber sie sind phänomenal darin, Sprache zu erlernen. Chomsky meinte, das läge an ihrem direkten Zugang zu Prozessen im Gehirn, die gemeinsam einen **SPRACHERWERBSMECHANISMUS** bilden, der sich im Alter von etwa achtzehn Jahr zu versteifen scheint, wodurch das Lernen von Sprachen viel schwieriger wird.

GLADWELLS 10.000-STUNDEN-REGEL zieht Übung auf dem Weg zur Höchstleistung dem Talent vor, aber sie bezieht die Qualität der Übung nicht ein, auch nicht Glück und Veranlagung als Erfolgszutaten.

Die Psychologie bietet uns das Rüstzeug, unser Lernen zu verbessen und gibt uns Tipps für Fokus, Denken und Gedächtnis. Tiefere Verarbeitung führt zu besserem Gedächtnis, eine Erkenntnis, die Craik und Tulving zugeschrieben wird. **MNEMOTECHNIK** – das Verlinken von Fakten, Bildern oder Geschichten mit etwas, an das wir uns erinnern wollen oder die Bildung eines Anagramms – hilft ebenfalls und steigert unser Gedächtnis um fast 50 Prozent.

KARTE DES LERNENS

KONDITIONIERUNG

IWAN PAWLOW
Sowjet-russischer Psychologe (1849–1936), bekannt für seine Arbeit über klassische Konditionierung und speziell sein Hundeexperiment (1897).

KONDITIONIERTE REAKTIONEN
Gefühle werden zu erlernten Reaktionen auf zuvor neutrale Reize, wie Watsons und Rayners Rattenstudie von 1920 zeigt. Einem Kind wurden Ratten zusammen mit lauten Geräuschen gezeigt, damit es Angst bekam.

KLASSISCHE KONDITIONIERUNG
Verhaltensforscher wie Watson und Pawlow behaupteten, dass wir Verhalten erlernen, indem wir Verbindungen schaffen, und dass ein bestimmter Reiz eine bestimmte Reaktion auslösen kann.

OPERANTE KONDITIONIERUNG
Belohnung stärkt, verändert oder motiviert Verhalten. Lernen geschieht durch Bestärkung oder Bestrafung, wobei das Verhalten durch Konsequenzen gesteuert wird (Skinner).

VERSTÄRKUNGSPLÄNE
Ausgabe von Belohnung nach bestimmten Regeln, kann die Ausschöpfungsquote und Löschungsrate beeinflussen.

B. F. SKINNER
US-Verhaltensforscher (1904–1990), stellte Theorien über Konditionierung und Verhalten auf. Berühmt ist seine Arbeit über operante Konditionierung und sein bekanntes -Rattenexperiment „Skinner-Box".

ASSIMILATION
Eine von zwei Arten (siehe auch Akkommodation), bei denen neue Informationen in ein bestehendes Schema aufgenommen werden. Informationen werden angepasst, um sich in Schemata einzufügen (Piaget).

AKKOMMODATION
Eine von zwei Arten (siehe auch Assimilation), bei denen neue Informationen in ein bestehendes Schema aufgenommen werden, Schemata werden durch neue Informationen aktualisiert (Piaget).

WIEDERHOLUNG

GLADWELLS 10.000-STUNDEN-REGEL
Wiederholte Übung, mindestens zehn Jahre lang, stärkt die neuralen Verknüpfungen mehr als angeborenes Talent, erleichtert das Abrufen von Informationen oder Kenntnissen.

MNEMONIK
Mentale Systeme oder Mittel zur Gedächtnisstütze durch das Verknüpfen von Fakten, Bildern oder Geschichten mit etwas, das wir gern erinnern oder mithilfe eines Anagramms.

ELABORATION
Gedächtnis- und Lerntechnik, beinhaltet die genaue Analyse der Information durch tiefe Verarbeitung mittels Assoziation, Organisation/Kategorisierung oder Mnemotechnik.

MILLERS THEORIE DER INFORMATIONS-VERARBEITUNG
Der menschliche Geist arbeitet in vier Stufen: 1) Aufnahme von Information, 2) Encodierung, 3) Speichern im Gedächtnissystem, 4) Abruf.

HYPOTHESE DES KRITISCHEN ALTERS
Die Idee, dass wir zu einer bestimmten Zeit sensibel für linguistische Reize und später zu alt sind, um eine Sprache fließend zu erlernen.

BANDURAS THEORIE DES SOZIALEN LERNENS
Wir beobachten Verhalten, dann imitieren wir es, dabei gibt es Konditionen wie Belohnung, die unser Bemühen steigern.

PIAGETS THEORIE DER KOGNITIVEN ENT-WICKLUNG
Die kindliche Intelligenz verändert sich beim Durchlaufen von vier Schlüsselphasen. Kinder erwerben neue Schemata und erweitern bestehende.

MEDIATIONSPROZESSE
Die Aufmerksamkeit, die wir beobachtetem Verhalten zukommen lassen, die Fähigkeit, es zu wiederholen, und die Motivation, es auszuführen.

CHOMSKYS SPRACH-ERWERBSMECHANISMUS (LAD)
Beruht auf angeborenen Sprachgrundsätzen und ermöglicht uns das Verständnis für Grammatik und Sprache, wenn wir Sprachen hören.

KOGNITIVE ENTWICKLUNG

Speicheln Sie beim Klang der Essensglocke?

➡️ **Wenn, dann könnte das ein Resultat klassischer Konditionierung sein. Pawlows Kultstudien, in denen bei Hunden der Speichelfluss einsetzt, wenn sie eine Glocke hören, versorgten uns mit den bedeutendsten Ideen über menschliches Verhalten und Lernen.**

Warum benehmen wir uns, wie wir es tun? Verhaltensforscher wie John B. Watson sagten, wir lernen Verhalten durch Verknüpfungen. Diese Art des Lernens nannte er klassische Konditionierung.

Watsons Erkenntnisse beruhten hauptsächlich auf den Beobachtungen Iwan Pawlows. Pawlow war ursprünglich Physiologe und untersuchte den Speichelfluss von Hunden als Reaktion auf die Fütterung, als er zufällig eine Entdeckung machte. Er bemerkte, dass die Hunde häufig schon vor der Futtergabe speichelten, zum Beispiel, wenn sie hörten, dass der Assistent auf sie zukam.

Davon angetrieben, veröffentlichte Pawlow 1897 einige Studien, die heute Kultstatus besitzen. Berühmt ist der Versuch, bei dem er wiederholt einen gefüllten Fressnapf vor den Hunden abstellte und dabei eine Glocke läutete. Obwohl Hunde naturgemäß mit Speichelfluss auf Futter reagieren, besitzen sie keine natürliche Speichelreaktion auf läutende Glocken. Dennoch lernten die Hunde nach mehrmaliger Koppelung von Futter und Glocke durch Assoziation und begannen zu speicheln, wenn sie die Glocke hörten, auch ohne Futter zu bekommen. Das ist klassische Konditionierung: ein Lernprozess, der eintritt, wenn zwei Reize mehrfach verknüpft werden, bis das Versuchsobjekt auf den zweiten Reiz natürlich reagiert, ausgelöst durch den ersten Reiz.

Angeregt durch Pawlows Studien, erweiterte Watson die Untersuchungen mit Schwerpunkt Erziehung statt Natur. Er glaubte, dass konditioniertes Lernen unser Verhalten prägt, auch, wie wir fühlen. Watsons und Rayners Studie von 1920 war – obwohl unethisch – Vorreiter für die Anwendung klassischer Konditionierung auf menschliches Verhalten und Gefühle. Dem Kind Albert wurde wiederholt eine Ratte gezeigt, zugleich mit unangenehmen Geräuschen, die Albert zum Weinen brachten. Als die Phase der Konditionierung vorüber war, hatte Albert Angst vor Ratten. Die Studie zeigte, dass Gefühle zu konditionierten Reaktionen werden können. Trotz Watsons gewählter Konditionierungsparadigmen und kompromissloser Haltung werden seither beide debattiert und überarbeitet, seine theoretischen und experimentellen Erkenntnisse werden noch heute erfolgreich auf psychologische Themen wie Phobien und Erziehung angewandt.

DIE PAWLOW'SCHEN HUNDE

In Pawlows Modell der klassischen Konditionierung ist Futter der unkonditionierte Reiz, denn es löst automatisch eine natürliche Reaktion bei Hunden aus: Speichelfluss. Die Glocke ist der neutrale Reiz, denn sie verursacht keine automatische Reaktion, bis sie wiederholt mit dem unkonditionierten Reiz (Futter) verknüpft wird. So wird die Glocke zum konditionierten Reiz, der auch allein eine konditionierte Reaktion – speicheln – hervorruft.

Lernen wir durch Belohnungen?

→ Ja! Operante Konditionierung besagt, dass Belohnungen Verhalten verstärken, verändern oder dazu motivieren, ob auf die gesunde Art (ein Spaziergang nach harter Arbeit) oder die ungesunde (eine Kuchenpause).

B. F. Skinner war ein Verhaltensforscher, der den wegweisenden Konditionierungs- und Verhaltensideen von Pawlow und Watson eine Nuance zufügte (siehe Seite 54). Im Gegensatz zu Watson glaubte Skinner sowohl an Natur als auch an Erziehung, also dass menschliches Verhalten angeboren, erlernt oder eine Kombination von beiden sein kann. Dennoch beharrte Skinner darauf, dass wir unser Verhalten erlernen und dass dieses Lernen am besten mit den Paradigmen der operanten Konditionierung erklärt wird, also Lernen durch Bekräftigung oder Bestrafung. Verhalten wird durch Konsequenzen gesteuert. Oder einfach ausgedrückt: Wird unsere Handlung belohnt, ist es wahrscheinlicher, dass wir sie wiederholen und andersherum. Bekräftigung steigert Verhalten, Bestrafung mindert es.

Skinner unterschied zwischen positiven und negativen Verstärkungen und Bestrafungen. Nehmen wir an, Ihr Chef erwartet von Ihnen einen bestimmten wöchentlichen Umsatz. Er könnte als positive Bekräftigung einen Bonus auszahlen, wenn Sie das Ziel erreichen. Oder als negative Bekräftigung Ihre Vergütung reduzieren, wenn Ihr Umsatz zu niedrig ist.

Ferster und Skinner stellten 1957 ihre Ideen über Verstärkungspläne vor: die Vergabe von Belohnungen nach bestimmten Regeln. Sie fanden, dass sie Reaktionsarten (Wiederholungsrate des belohnungssuchenden Verhaltens) und Extinktionsraten (Rate, mit der dieses Verhalten endet) beeinflussen. So ergab ein variabler Plan, bei dem die Belohnung nach einer nicht vorhersehbaren Anzahl von Reaktionen erteilt wurde, die niedrigste Extinktionsrate. Zu beobachten ist dieses Verhalten beim Glücksspiel, wenn Spieler unzählige Male am selben Automaten spielen, weil sie wissen, dass ihre Belohnung jederzeit kommen kann. Kontinuierliche Bekräftigung, bei der es bei jeder Reaktion eine Belohnung gibt, hat eine langsame Reaktionsrate und eine schnelle Extinktionsrate. Vielleicht, weil die Personen schnell zufrieden sind und keine Notwendigkeit für häufigere Reaktionen sehen.

Skinner entwickelte aufgrund seiner Grundsätze zur operanten Konditionierung Methoden zur Formung von Verhalten. Heute findet Skinners Arbeit Anwendung bei der Erläuterung von Themen wie Abhängigkeit, praktisch kommt sie in Orten wie Klassenzimmern und Gefängnissen zum Einsatz.

KONDITIONIERUNG IN DER SKINNER-BOX

Berühmt sind Skinners Studien zu operanter Konditionierung mithilfe von Ratten in der sogenannten „Skinner-Box". Die positive Verstärkung kam in Form von Futterpellets, wenn ein Hebel gedrückt wurde. Nachdem die Ratten einige Male versehentlich den Hebel betätigt hatten, gingen sie gleich zu ihm, wenn sie in die Box gesetzt wurden. Die negative Bekräftigung war Strom, den abzustellen die Ratten durch Drücken des Hebels lernten.

Ist Lernverhalten Imitation?

➡ Albert Bandura ist jedenfalls der Meinung. Seine Theorie des sozialen Lernens besagt, dass Kinder Verhalten erst beobachten, dann kopieren. Konditionierung findet durch Belohnungen für ihre Mühe statt.

Pawlows, Watsons und Skinners Arbeit legten den Grundstein zur Verhaltensforschung. Der Psychologe Albert Bandura stimmte ihren Ansätzen grundsätzlich zu. Dennoch entfernte sich seine Arbeit von der seiner Kollegen, als er behauptete, dass menschliches Lernen mehr ist als das Aufspüren von Verbindungen von Stimuli oder der Empfang von Belohnungen oder Bestrafungen. Er sagte, dass Menschen automatisch durch Beobachtung lernen können. In Banduras Arbeit beobachten Kinder Personen – Individuen, die soziales Verhalten ausüben – und reagieren eventuell durch Imitation.

Bandura verwies auf einige Faktoren, die Imitation begünstigen, darunter, dass die Person, die kopiert wird, einem ähnlich ist (z. B. Gender), aber auch Bekräftigung (z. B. Lob) und das, was er stellvertretende Verstärkung nannte – das Beobachten, wie die Person, die kopiert wird, eine Belohnung für ihr Verhalten erhält. Kinder übernehmen dazu häufiger das Verhalten von jemandem, dem sie viele erstrebenswerte Eigenschaften zuschreiben.

In Banduras Theorie des sozialen Lernens aus dem Jahr 1977 heißt es, dass wir soziales Verhalten durch die Beobachtung und Imitation anderer Menschen lernen. Er integrierte seine Idee in die Verhaltensforschung, dass Menschen aktiv Informationen verarbeiten und über die Konsequenzen ihres Handelns nachdenken. Unser Denken kann das Verhältnis zwischen dem, was wir sehen und was wir tun, stärken oder schwächen. Das wird Mediation genannt. Bandura erkannte eine Reihe von Mediationsprozessen, die bestimmen, ob das, was wir sehen, das, was wir machen, verändert: wie viel Bedeutung wir dem Verhalten zubilligen, das wir beobachten, die Fähigkeit, es nachzumachen und die Motivation dazu.

Banduras Arbeit ist weitreichend anwendbar. Sein Bobo-Doll-Experiment (1961) brachte Einsichten über den Effekt gewalttätiger Medien auf Kinder. Seine Arbeit brachte Licht in die Entwicklung von Genderrollen oder wie wir gesellschaftlichen Wandel schaffen und wie wir unsere Kultur verstehen. Aber er wurde auch kritisiert, weil er die kognitive Kontrolle der Menschen über ihr Verhalten nicht berücksichtigte. Bandura stellte 1986 eine überarbeitete Theorie vor, die sozial-kognitive Lerntheorie, die das menschliche Handeln besser einband.

BANDURAS BOBO-DOLL-EXPERIMENT

In Banduras berühmtem Experiment beobachteten Kinder, wie ein Erwachsener mit
einer Bobo-Puppe umging. Sie sahen eine
aggressive oder freundliche Behandlung
oder, in der Kontrollgruppe, keine Interaktion. Die Experimentierenden beobachteten
später, wie jedes Kind hinterher die Puppe
behandelte. Auf die Gruppe bezogen neig-
ten diejenigen, die die aggressive Hand-
lungsweise beobachtet hatten, zur Imitation
der Aggressivität, was bewies, dass Kinder
Sozialverhalten durch Beobachtung lernen.

Machen 10.000 Übungsstunden Sie zu einem Genie?

→ Nicht ganz – aber es kann Sie ganz dicht ran bringen. Gladwells verlockende Regel besagt, wie Sie zu einem Spitzenexperten werden.

Laut Malcolm Gladwells 10.000-Stunden-Regel (2008), ist Talent nicht naturgegeben. Gladwell ließ sich von Simons und Chases Aufsatz über die Fähigkeiten von Schachspielern inspirieren. Das Paar schloss, dass ausgezeichnetes Schachspielen dadurch entsteht, dass sich Spieler durch jahrelange Übung Schachmuster einprägen. Sie bemerkten, dass kein Großmeister weniger als zehn Jahre darauf verwandt hatte, bevor er den Titel erwarb.

Die 10.000-Stunden-Regel bekam ein formaleres Fundament durch die Violinisten-Studie von Ericsson und seinen Kollegen (1993). Sie fanden heraus, dass das Können der Musiker sich sehr nach der Intensität ihres Übens richtete. Die oben platzierten Violinisten hatten mindestens zehn Jahre intensives Üben hinter sich gebracht, oder einen Durchschnitt von 10.000 Stunden.

Warum macht Übung uns perfekt? Die Antwort ist durch Gedächtniskonsolidierung. Das menschliche Gehirn hat etwa 100 Milliarden Nervenzellen. Wie in einem dichten Wald ist einiges an Arbeit notwendig, um einen guten Trampelpfad zwischen ihnen zu schaffen. Wenn Neuronen wiederholt gemeinsam feuern, entsteht eine Verbindung. Und so stärkt das Üben neurale Verbindungen und Sie erinnern sich leichter an Informationen oder Fähigkeiten, die Sie erlernt haben.

In neuerer Zeit ist Gladwells Regel Ziel von Kritik. Macnamara und Maitra (2019) wiederholten die Studie von Ericsson und Kollegen, kamen aber nicht auf dieselben Ergebnisse. Zwar hatte der Violinist mit der schwächsten Leistung unter 10.000 Stunden geübt, aber es gab fast keinen Unterschied bei den Übungsstunden zwischen den Guten und der Elite (jede Gruppe kam auf durchschnittlich etwa 11.000 Stunden). Die Übungsstunden machten nur ein Viertel der Unterschiede beim Geigenspiel aus, bei Ericsson waren es 48 Prozent.

Gladwell räumt ein, dass andere Faktoren – Qualität des Übens, Bevorzugung, Glück und angeborenes Talent – eine Rolle für den Erfolg spielen können. Neuere Studien erbrachten, dass 10.000 Stunden kein Garant dafür sind, in den Elitestatus zu gelangen. Es steht nichtsdestotrotz fest, dass hingebungsvolles Üben den Aufstieg an die Spitze erleichtert.

DIE 10.000-STUNDEN-REGEL

Simons und Chases Studie ging davon aus, dass Schachspieler zwischen 10.000 und 50.000 Stunden üben, bevor sie Großmeister werden. Gladwell verwendete das Beispiel mutwillig, die 10.000-Stunden-Regel sollte nur auf kognitiv herausfordernde Betätigungen wie Schach angewandt werden, das es erfordert, eine lange Liste von Möglichkeiten zu lernen, um meisterlich spielen zu können, ungleich körperlich fordernder Disziplinen wie Rennen.

Wie sehen Kinder die Welt?

⟶ Piaget nach sehen Kinder die Welt durch eine Linse von Wissensbauklötzen, die aufeinandergestapelt das Verständnis für ihre Umgebung bauen. Im Verlauf ihrer Entwicklung verändern sich die Bauklötze.

Jean Piaget sagte, Babys werden ohne das Bewusstsein für eine Realität außerhalb ihrer selbst geboren. Im Grunde handeln Kinder wie Miniaturwissenschaftler und bauen sich durch angewandte Experimente ein geistiges Modell der Welt. Diese Modelle bilden den Rahmen für das Verständnis der Außenwelt.

Piagets Theorie der Kognitionsentwicklung führt an, dass Kinder nicht weniger intelligent als Erwachsene sind, aber dass Intelligenz sich beim Wachsen verändert. Die Theorie nennt vier Stufen der kognitiven Entwicklung: die sensomotorische (0–2 Jahre), die präoperationale (2–7 Jahre), die konkret-operationale (7–11 Jahre) und die formal-operationale Stufe (12+) (siehe Seite 96).

Wie verändert sich die Intelligenz beim heranwachsenden Kind? Die Antwort darauf heißt bei Piaget Schema. Damit bezeichnet er kognitive Bauklötze, „Wissenseinheiten", die verschiedene Aspekte der Welt betreffen, wie Gegenstände, Handlungen oder Konzepte. Während wir uns als Menschen entwickeln, erwerben wir neue Schemata und erweitern alte.

Piaget beschrieb zwei Hauptarten, wie wir mit neuen Informationen verfahren, damit sie zu existierenden Schemata passen oder sie erweitern. Diese Prozesse helfen Kindern, sich durch die von ihm bezeichneten Stufen zu entwickeln. Die erste ist die Assimilation, bei der wir Informationen so verändern, dass sie in bestehende Schemata passen. Ein kleines Kind zeigt beispielsweise auf einen Wolf im Fernsehen, den es zum ersten Mal sieht und ruft: „Welpe!".

Die zweite Methode ist die Akkommodation. Hierbei kann es zu großen Lernsprüngen kommen, wenn Schemata mit neuen Informationen aktualisiert werden. Ein Elternteil erklärt dem Kind, dass es einen Wolf sieht und keinen Welpen. Auf diese Weise kann das Kind die Parameter seines „Welpe"-Schemas verändern, indem es hinzufügt, dass Welpen klein und zahm sind und ein eigenes Schema für Wölfe anlegt.

Die Parameter von Piagets Stufen wurden zwar angezweifelt, dennoch bescherte er damit ein nützliches und wichtiges Rahmenwerk für das Verständnis der kognitiven Entwicklung von Kindern – und eins, das zu zahlreichen weiteren wichtigen Studien angeregt hat.

DER A-NICHT-B-FEHLER

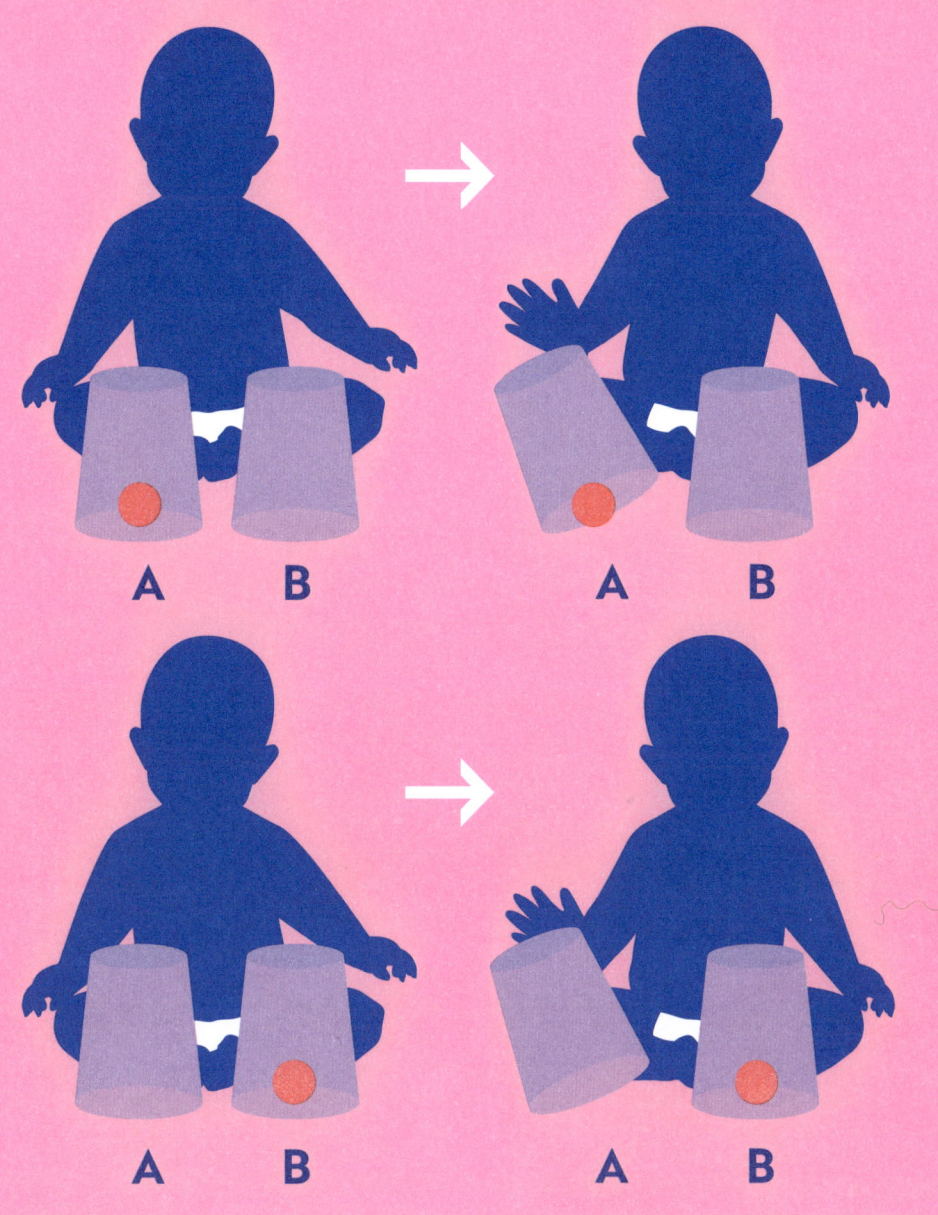

Piagets Experimente demonstrierten ein Phänomen, das als A-nicht-B-Fehler bekannt ist und typischerweise während der sensomotorischen Stufe auftritt. Ein 9- bis 12-Monate altes Baby sieht einen Gegenstand, der am Ort „A" versteckt ist. Das Kind sucht an Ort A. Das wiederholt sich. Dann wird der Gegenstand am Ort „B" versteckt. Das Baby sucht dennoch am Ort A. Der Fehler illustriert ein nicht komplettes Schema der Objektpermanenz: Das Wissen, dass Gegenstände existieren, auch wenn wir sie nicht sehen können.

Wann sollte man *au revoir* zu Sprachen sagen?

➡ Vertreter der Hypothese der kritischen Periode sagen, zwischen sieben und achtzehn Jahren. Unsere Fähigkeit zum Erlernen von Sprachen nimmt, wenn wir älter werden, deutlich ab.

Dass kleine Kinder mühelos etwas so kompliziertes wie Sprache lernen, ist eine unglaubliche Meisterleistung. Und fast jedes Kind auf der Erde lernt irgendeine Sprache – und scheint so viel besser dafür gerüstet zu sein als Erwachsene..

Noam Chomsky führt an, dass genau das zutrifft. 1969 theoretisierte er, dass Menschen über einen Spracherwerbsmechanismus (LAD) verfügen, der aus angeborenen Prinzipien besteht: eingeschränkte Möglichkeiten, innerhalb derer Sprache funktioniert. Der LAD ermöglicht es Lernenden, ein Verständnis für Grammatik und Sprache zu entwickeln, das auf Rohdaten aus der Umgebung basiert. Allein, wenn wir Sprachen um uns herum nur hören, können wir sie in jungen Jahren schnell und fließend erlernen.

Was aber geschieht, wenn wir bis zu einem späteren Alter Sprache nicht ausgesetzt sind und der LAD nicht gefüttert wurde? Die Theorie der kritischen Periode sagt, dass es ein Zeitfenster gibt, in dem wir hochsensibel für linguistische Reize sind, danach allerdings kann es zu spät sein, sie fließend zu lernen. Das heißt, ab einem bestimmten Alter schließt sich das Tor zum LAD.

Viele Psychologen und Linguisten haben Hypothesen aufgestellt, wann diese kritische Zeit endet, die meisten sind der Meinung, es geschieht um die Zeit der Pubertät herum. In der Hoffnung auf eindeutigere Resultate, arbeiteten Hartshorne, Tenenbaum und Pinker 2018 für eine MIT-Studie mit dem größten Datensatz aller Zeiten für eine Studie dieser Art – fast 670.000 Menschen. Sie fanden heraus, dass die kritische Periode weit nach dem vermuteten Alter endet, bei etwa 17 oder 18 Jahren. Dennoch – eine Geschmeidigkeit wie bei einer Muttersprache wird wahrscheinlich nur erreicht, wenn Kinder mit spätestens 10 beginnen, eine Sprache zu lernen.

Macht es also keinen Sinn, wenn Erwachsene versuchen, Sprachen zu lernen? Das kann man so nicht sagen. Ganz flüssig wird es wohl nicht werden, dennoch kann Sprache mit Kompetenz erlernt werden. Singleton bemerkte (1995), dass fünf Prozent der zweisprachigen Erwachsenen eine zweite Sprache bis weit ins Erwachsenenalter erlernen. Allerdings ist dafür harte Arbeit notwendig – die Leichtigkeit des Spracherwerbs der Kinder ist dann schon verloren.

KINDLICHER SPRACHERWERB

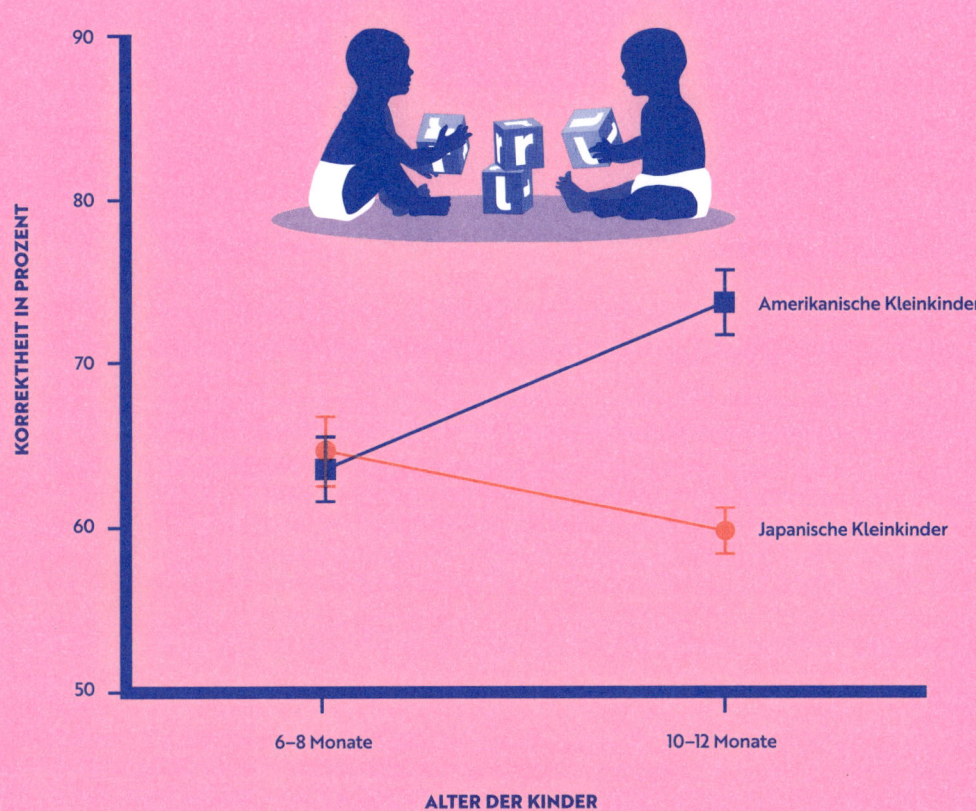

KORREKTHEIT IN PROZENT

90

80

70

60

50

Amerikanische Kleinkinder

Japanische Kleinkinder

6–8 Monate   10–12 Monate

ALTER DER KINDER

Kuhl und ihr Team zeigten, dass bereits das erste Lebensjahr entscheidend ist für unsere Fähigkeit, Sprache zu lernen. Die Studie verglich, wie japanische und amerikanische Kleinkinder den Unterschied zwischen „r" und „l" wahrnahmen. Die Wahl fiel darauf, weil japanisch-sprechende Eltern nicht zwischen „r" und „l" unterscheiden können, englisch-sprechende Eltern schon. Mit 6 bis 8 Monaten waren Kuhls Kinder gleich kompetent beim Unterscheiden der Laute. Mit 12 Monaten schafften es die amerikanischen Kleinkinder viel besser als die japanischen. Diese Daten illustrieren eine kritische Periode für das Unterscheiden bestimmter Laute.

Lässt sich das Gedächtnis hacken?

→ So ungefähr. Die Psychologie hat uns gezeigt, dass wir mit ein bisschen Mühe sehr viel erfolgreicher sein können, wenn wir tiefe Verarbeitung und Mnemonik anwenden.

Die Kapazität des menschlichen Geistes, Informationen zu speichern, ist unendlich. Warum ist es dann nur so schwer, sich an wichtige Dinge zu erinnern? Psychologische Forschung hat erbracht, dass wir unsere Gedächtnisleistung optimieren können, indem wir uns dem, was wir lernen wollen, entschlossen nähern.

Um zu verstehen, wie wir unsere Gedächtnisfähigkeit verbessern, müssen wir zunächst wissen, wie wir Informationen verarbeiten. George Millers Theorie zur Informationsverarbeitung besagt, dass es im menschlichen Geist vier Verarbeitungsstufen gibt. Lernende nehmen die angebotene Information aufmerksam auf und encodieren diese aufgenommene Information, wenn sie sie als wichtig einstufen. Die Information wird dann im Gedächtnissystem gespeichert, damit sie später hervorgerufen werden kann.

Die Verarbeitung ist nicht einheitlich. Craik und Lockhart (1972) unterschieden zwischen flacher Verarbeitung – dem Enkodieren von physischen Eigenschaften oder Lauten – und tiefer Verarbeitung – das Enkodieren von Bedeutung. Craiks und Tulvings Experiment (1975) zeigte die Bedeutung der Verarbeitungstiefe, als sie Teilnehmer baten, Zielwörter auf unterschiedlichen Ebenen der Enkodierung zu verarbeiten. Zur flachen Verarbeitung sollten die Teilnehmer beurteilen, ob ein Wort aus Groß- oder Kleinbuchstaben bestand. Bei der tiefen Verarbeitung bestimmten die Teilnehmer, ob das Wort in seiner Bedeutung in einen Lückentext passte. In der folgenden Gedächtnisrunde erreichten diejenigen mit der flachen Verarbeitung einen Rehearsalgrad von 25 %, die tief verarbeitenden Teilnehmer 75 %.

Was genau ist tiefe Verarbeitung? Allgemein gesagt, gehört elaboratives Einstudieren dazu: eine eingehendere Analyse von Informationen. Zum Beispiel ordnen Sie einem Fakt ein Bild zu, betten beides in eine Geschichte ein, assoziieren mit anderen Fakten oder erstellen ein Anagramm daraus. Diese Methode heißt Mnemotechnik: mentale Systeme oder Hilfen, die das Gedächtnis unterstützen. Bower (1972) gab seinen Studenten eine Wortliste zum Einprägen und stellte fest, dass die, die Mnemotechnik angewandt hatten, durchschnittlich 44 Prozent mehr erinnerten als die anderen. Auch, wie wir diese Gedächtnishilfen anwenden, macht einen Unterschied: Viele Studien belegen, dass Teilnehmer besser abschneiden, wenn ihr Lernprozess einen praktischen Test beinhaltet. Das führt zu tieferer Enkodierung und dazu, dass Teilnehmer die Qualität ihrer Mnemotechnik einschätzen können.

Wenn Sie sich das nächste Mal auf eine große Rede oder eine Prüfung vorbereiten, denken Sie daran: Die Magie liegt im Enkodieren.

THEORIE ZUR INFORMATIONSVERARBEITUNG

STUFE 2:
Enkodierung

STUFE 3:
Speicherung

STUFE 1:
Aufnahme

STUFE 4:
Abruf

Millers Theorie zur Informationsverarbeitung wurde durch Computer inspiriert. Stellen Sie sich vor, Sie schreiben an Ihrem Laptop einen Aufsatz. Der Computer nimmt die Symbole auf, die Sie drücken. Sie erscheinen enkodiert auf der Seite. Das Drücken der „Speichern"-Taste speichert die enkodierte Information an einem bestimmten Ort – vielleicht heißt Ihr Verzeichnis „Aufsätze". Später wollen Sie den Aufsatz verschicken, dazu müssen Sie ihn aus dem Aufsatz-Verzeichnis aufrufen und ihn versenden. Wie Computer haben auch wir Prozesse zur Verarbeitung, zum Speichern und zum Abruf von Informationen.

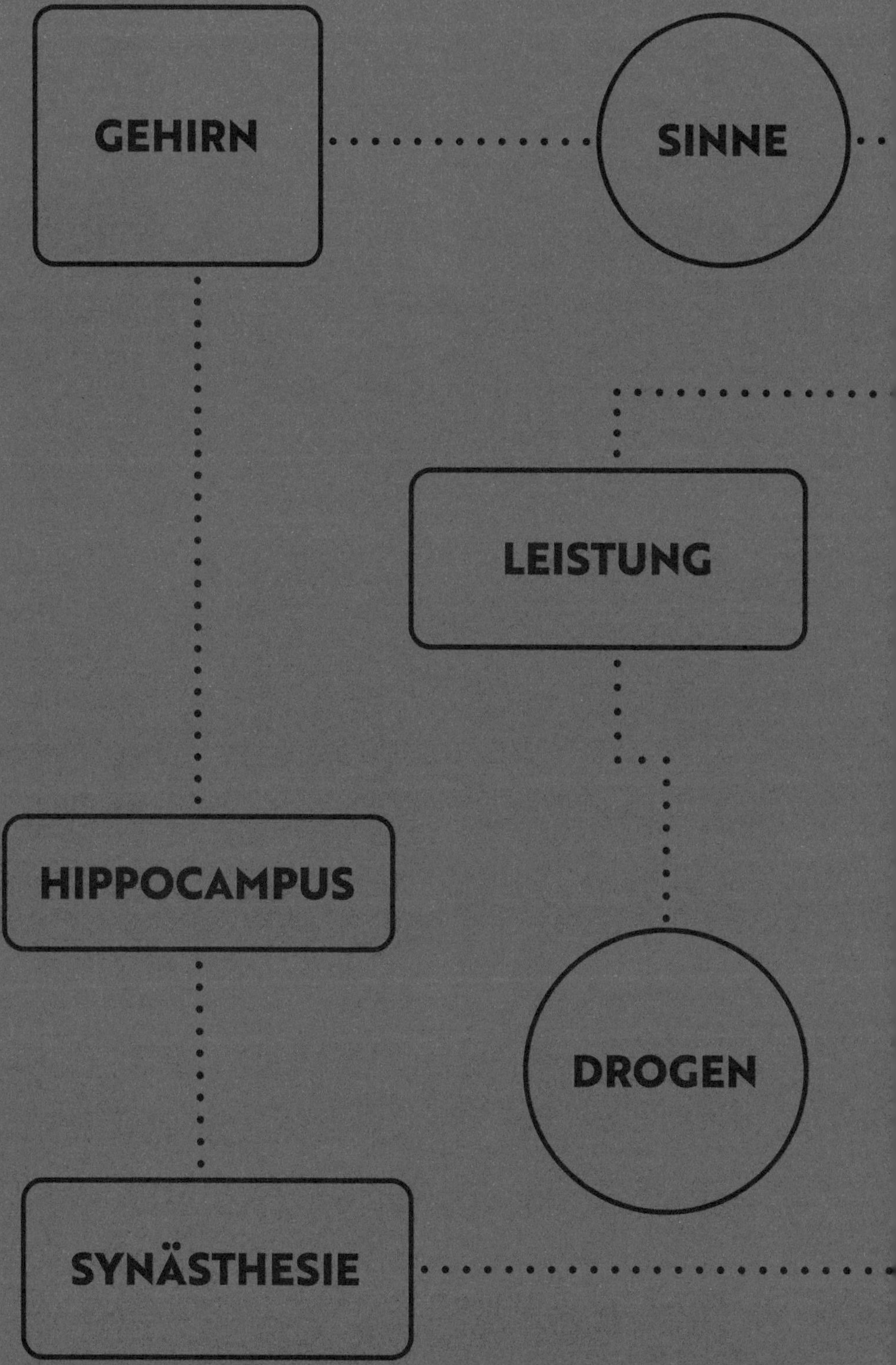
GEHIRN
SINNE
LEISTUNG
HIPPOCAMPUS
DROGEN
SYNÄSTHESIE

KAPITEL 4

BIO-PSYCHOLOGIE

GEFÜHLE

GLEICHGEWICHTSSINN

EINFÜHRUNG

Es kommt selten vor, dass ein Fachbereich immer wieder bahnbrechende Entdeckungen hervorbringt, aber aus der Biopsychologie stammen mehr bedeutende Erkenntnisse als aus jedem anderen Zweig der Psychologie. Dieses Kapitel fasst einige der revolutionärsten Entdeckungen zusammen.

Wissenschaftler haben herausgefunden, dass wir mehr als 50 Sinne besitzen. Wir haben einen Sinn, der uns unsere Position im Raum verrät, er heißt Propriozeption, mit seiner Hilfe führen wir einen Löffel Pudding sogar mit geschlossenen Augen sicher zum Mund. Dann haben wir den Gleichgewichtssinn, der uns mithilfe der Flüssigkeit in unserem Innenohr sagt, wo oben ist und ob wir gerade ent- oder beschleunigen. Und wir verlassen uns auf ähnlich kritische interne Sinne, die uns melden, wenn wir hungrig sind oder unsere Blase voll ist. Sinne können interagieren, im Schnellgang funktioniert das bei der **SYNÄSTHESIE**, bei der sich die Sinne dauerhaft verbinden.

Unsere Sinne sind der Schlüssel zu unserer Navigation durch die Welt und zu unseren Gefühlen. Aber Gefühle sind mehr als nur etwas, das wir im Körper spüren. Sie entstehen als Reaktion auf die Informationen, die unsere Sinne uns vermitteln, auf Verhalten, Gedanken und wie wir die Welt deuten. Psychologen wissen, wird einer der drei Faktoren verändert, fühlen wir anders und der Stresslevel erhöht sich. Das **YERKES-DODSON-GESETZ** erklärt, wie man Stress erfolgreich nutzt und ist verbunden mit der Erkenntnis, dass wir gescheiter sind, wenn wir unter mentalem oder physiologischem Druck stehen – bis zu einem gewissen

Punkt. Zu viel und wir riskieren einen Abfall unseres mentalen und physikalischen Wohlbefindens und laufen Gefahr, schlechte Gewohnheiten zu entwickeln, wie zu viel Kaffee trinken, um weitermachen zu können.

Biopsychologie hat die Wirkungsweise von Drogen wie Koffein, verschreibungspflichtige Medikamente wie Antidepressiva und Freizeitdrogen wie Marihuana aufgedeckt. Sie interagieren mit Rezeptoren und verändern **NEUROTRANSMITTER** im Gehirn. Heilmittel gegen Depressionen helfen, Serotonin, einen der 50 Neurotransmitter, die Wissenschaftler identifiziert haben, zu recyceln.

Wenn unser Gehirn uns im Stich lässt und ein bekanntes Gesicht nicht erkennt, möchten wir etwas dafür die Schuld geben, aber zum Problem wird es nur, wenn es ständig geschieht, wie bei der **PROSOPAGNOSIE** oder Gesichtsblindheit, die durch Schädigung des **GYRUS FUSIFORMIS** entsteht. Durch Versuche mit Affen haben Wissenschaftler sechs Bereiche im Gehirn ausgemacht, die für die Gesichtserkennung zuständig sind, die **FACE-PATCHES.** Einige Zellen spüren Entfernungen zwischen unseren Augen, andere reagieren auf Hautstrukturen.

Eine aufregende Erkenntnis der Biopsychologie ist, dass wir das Gedächtniszentrum unseres Gehirns stärken können und es tatsächlich wachsen und besser werden lassen können. Maguire entdeckte: Die legendären Londoner Taxifahrer bringen ihren **HIPPOCAMPUS** durch das Lernen der unzähligen, komplexen Routen durch London auf Trab.

KARTE DER BIOPSYCHOLOGIE

GEMÜTSERREGUNG

Das Erleben von Stimmung, Gefühl oder Emotion, betrifft viele mentale Zustände, nicht nur Emotionen, und kann sich auf unsere Interpretation von Reizen auswirken.

SINNE

Wir besitzen mehr als 50 innere und äußere Sinne, die entscheidend dafür sind, wie wir die Welt erfahren und uns in ihr bewegen, und wie wir uns fühlen.

BEURTEILUNG

Unsere Interpretationen, die eine Schlüsselrolle für unsere Emotionen spielen, können kausal sein, wenn unsere Gedanken bezüglich eines Reizes zu einem bestimmten Gefühl führen.

PHYSIOLOGISCHE REAKTION

Körperliche Veränderungen, die wesentlich für unser emotionales Erleben sind, Prozesse in den Nerven und/oder dem Nervensystem gehören dazu.

KAMPF ODER FLUCHT

Körperliche Reaktion auf eine potenziell belastende Situation: Adrenalin steigt an, Atem- und Pulsfrequenzen steigen. Bereitet Personen auf Kampf oder Flucht in die Sicherheit vor.

FACE-PATCHES

Sechs unterschiedliche Bereiche des Makaken-Gehirns mit gesichtserkennenden Neuronen, die auf Gesichtsform oder -aussehen reagieren (Tsao und Chang).

YERKES-DODSON-GESETZ

Leistungssteigerung mit physiologischer oder mentaler Erregung, ist der Erregungslevel zu hoch, sackt die Leistung ab.

REAKTIONEN

ERREGUNG

PROPRIOZEPTION

SYNÄSTHESIE
Dauerhafte Verknüpfung von Sinnen, tritt auf, wenn die Stimulation eines Sinnes einen weiteren anregt.

SYNAPSEN
Schmale Lücken zwischen Neuronen oder zwischen einem Neuron und einem Muskel oder einer Drüse, wo Nervenimpulse übermittelt werden, meist durch Neurotransmitter.

HIPPOCAMPUS
Ein Bereich in Form eines Seepferdchens im Temporallappen des Gehirns. Wichtig für Gedächtnis und fürs Lernen, aber auch für Emotionen und Motivation zuständig.

GYRUS FUSIFORMIS
Schlüsselbereich des Gehirns nahe der Schädelbasis, beteiligt an der Gesichtserkennung und Farbwahrnehmung.

NEUROTRANSMITTER
Chemische Botenstoffe, über die Neuronen untereinander oder mit Drüsen und Muskeln über Synapsen kommunizieren, binden sich an Rezeptoren des nächsten Neurons.

ORTSZELLEN
Spezialisierte hippokampale Zellen, die aktiv werden, wenn ein Tier an einem bestimmten Ort gelangt (O'Keefe). Entscheidende Entdeckung für kognitive Landkarten.

PROSOPAGNOSIE
Gesichtsblindheit nach Schädigung des Gyrus fusiformis.

WALDEYERS NEURONEN-THEORIE
Besagt, dass das Nervensystem aus nicht verbundenen Gehirnzellen besteht, mit Spalten zwischen den Zellen.

NERVENSYSTEME
Setzen sich aus Nerven, Drüsen und Organen zusammen, der Sympathikus steuert die Flucht-oder-Kampf-Reaktion. Der Parasympathikus bereitet den Körper auf Ruhe und Verdauung vor.

Was machen unsere Sinne?

➜ **Wir hören, schmecken, riechen, sehen und fühlen, richtig? Der Körper verfügt über fünf Sinne, so heißt es. Nur, dass es nicht so einfach ist. Wer ein wenig tiefer gräbt, kommt zu dem Schluss, dass die Zahl der Sinne offen ist.**

Ein Sinn ist ein biologisches System, das uns hilft, Informationen über die Welt zu sammeln und auf Veränderungen zu reagieren. Man vermutet, dass das Konzept der fünf Sinne auf Aristoteles' Zeit zurückgeht, weil es in seinem Buch Über die Seele einzelne Kapitel über Sehvermögen, Hörvermögen, Tastsinn, Geruchssinn und Geschmack gibt. Heute allerdings wissen wir, dass das viel zu einfach gedacht ist.

Schließen Sie die Augen und führen Sie Ihren Zeigefinger an Ihre Nase. Das klappt, weil Ihnen ein anderer Sinn, die Propriozeption, vermittelt, wo im Raum Ihre Körperteile zu finden sind. Möglich machen das spezielle Rezeptoren in den Muskeln, die dem Gehirn übermitteln, was vor sich geht. Der Gleichgewichtssinn ist ein weiterer Sinn. Daran beteiligt ist das flüssigkeitsgefüllte Innenohr. Durch ihn können wir Gravitation und Beschleunigung bestimmen, damit wir wissen, wo oben ist und ob wir schneller oder langsamer werden. Zusammen mit den klassischen Fünf, sind dies Beispiele für äußere Sinne.

Dazu besitzen wir zahlreiche innere Sinne, die Veränderungen im Inneren unseres Körpers wahrnehmen und auf sie reagieren. Hunger und Durst sind die offensichtlichsten Beispiele, aber wir fühlen auch Schmerz oder die Notwendigkeit, die Toilette aufzusuchen. Unbewusst überwachen und spüren wir viele weitere interne Signale, etwas den Herzschlag, die Atmung und den Blutdruck. Werden alle diese berücksichtigt, gehen Wissenschaftler davon aus, dass wir über mehr als 50 Sinne verfügen.

Sinne können miteinander interagieren und aufeinander einwirken. Farbe und Konsistenz von Nahrung beeinflussen häufig den Geschmack. Diese Kopplung wird Synästhesie genannt und kommt in vielerlei Formen daher. So kann beispielsweise jemand Klänge schmecken und Farben hören. Etwa 5 Prozent der Menschen erleben Synästhesie, weil aber diese Erfahrung so persönlich ist, wird sie selten publik gemacht. Viele Synästheten gehen einfach davon aus, dass jeder die Welt auf diese Art wahrnimmt.

MIRROR-TOUCH-SYNÄSTHESIE

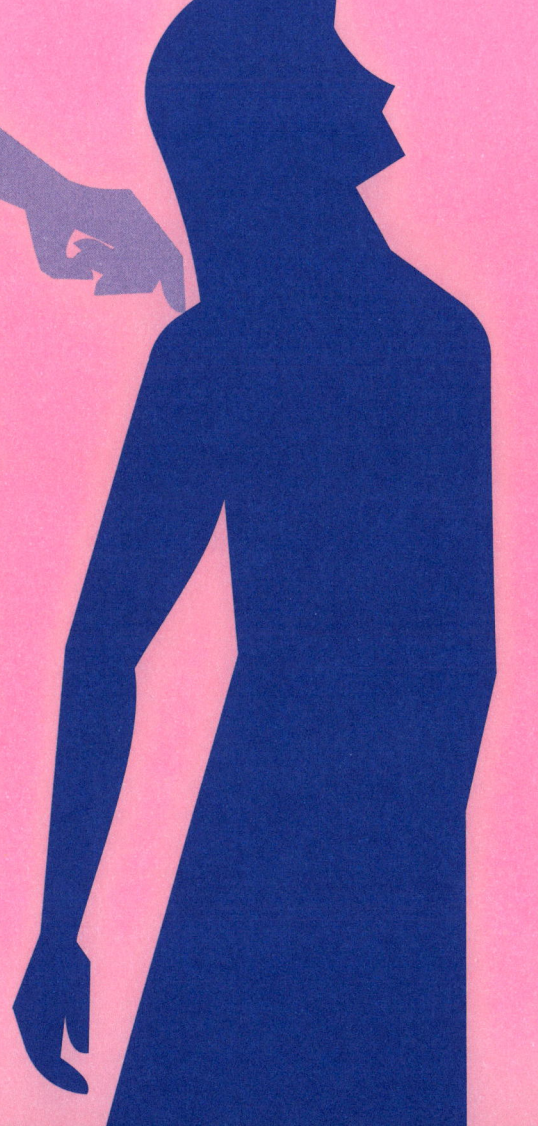

Von Synästhesie spricht man, wenn die Stimulation eines Sinnes einen zweiten anregt. Es gibt verschiedene Typen der Synästhesie. Einige Menschen hören Worte farbig oder Musik als Formen. Eine der seltsamsten Spielarten ist die Mirror-Touch-Synästhesie, bei der ein Mensch die Berührung spürt, wenn er sieht, wie jemand anderes berührt wird. Beobachtet er, wie jemanden auf die Schulter getippt wird, spürt er die Berührung bei sich an derselben Stelle.

Wie fühlen wir?

⟶ Wie ein Gefühl entsteht und wir es erleben, ist mit unseren physischen Empfindungen und unserer Reaktion darauf, unserem Verhalten und unseren Gedanken verbunden sowie der Bedeutungen, die wir ihnen beimessen. Verändert sich eins dieser Elemente, kann sich verändern, wie wir uns fühlen.

Veränderungen im Körper, oder unsere physiologische Reaktion, sind Bestandteil unserer emotionalen Erfahrung, dazu gehören Atmung, Puls und neurochemische Aktivität (Prozesse in den Nerven und/oder dem Nervensystem). William James (1884) sagte, wir bekämen Angst aufgrund unserer physiologischen Reaktionen, andere argumentieren, dass Grundemotionen bestimmte körperliche Reaktionen hervorrufen, die in Kulturen und Individuen variieren können.

Appraisals, oder Einschätzungen, spielen eine Schlüsselrolle bei den Emotionen. Wenn wir eine Schlange sehen und sie als Bedrohung interpretieren, folgen eine physiologische Reaktion und das Erleben von Angst. In diesem Moment ist das Appraisal des Reizes, der Schlange, kausal – was wir über die Schlange denken, lässt uns auf eine bestimmte Art fühlen. Unsere physiologische Reaktion und wie wir sie interpretieren, kann vom Erlebniskontext abhängen. Zum Beispiel können Herzrasen und schwitzige Handflächen bei Angespanntheit in einer Prüfung auftreten oder bei Aufregung vor einer Achterbahnfahrt.

Emotionen sind eine Kombination aus Reiz, Gemütsbewegung und körperlichen Zuständen. Gemütsbewegung, oder Affekt, beschreibt unser Erleben von Gefühl, Emotion oder Stimmung und trägt zu einer Vielzahl mentaler Zustände bei, nicht nur Emotionen. Sind Tränen und ein angespannter Magen Zeichen für Trauer oder für Hunger, wenn wir gerade für unser Essen eine Zwiebel schneiden? Affekte können zudem beeinflussen, wie wir Reize interpretieren. So deuten wir einen Gesichtsausdruck unterschiedlich, abhängig davon, wie es uns geht oder von unserem Interpretationsbias. Bei einem negativen Interpretationsbias deutet man eine mehrdeutige Geste wie ein Lächeln eher wie ein Auslachen und nicht wie ein Zeichen von Freundlichkeit.

Das alles gibt uns Hinweise darauf, dass wir unsere emotionalen Erfahrungen verändern können, indem wir unser Denken oder unser Verhalten ändern. Wenn wir uns verlieben, sehen wir Panik und Nervosität als Zeichen für Aufregung an. Könnten wir lernen, Panik in anderen Situationen als Aufregung statt als Angst zu deuten und so unsere Nerven beruhigen?

INTERPRETATIONSBIAS

In diesem Szenario interpretiert die Person mit der Schlange die Situation als sicher und fühlt sich daher wohl. Die andere Person bewertet dieselbe Situation als bedrohlich und erlebt als Resultat Angst.

Arbeiten Sie unter Druck besser?

→ Stress kann zu schwitzigen Handflächen und flacher Atmung führen. Niemand möchte, dass das jemand bei der Arbeit sieht. Studien zufolge allerdings kann ein wenig Stress sogar die Leistung verbessern.

Sei es, dass eine Prüfung ansteht oder vor Publikum gesprochen werden soll – solche Situationen können eine Reihe unangenehmer Veränderungen im Körper hervorrufen. Der Adrenalinspiegel steigt, der Puls beschleunigt sich und wir atmen schwer und schnell. Das ist die Kampf-oder-Flucht-Reaktion, sie bereitet Personen darauf vor, entweder den Kampf aufzunehmen oder in Sicherheit zu flüchten. Als uralte und unfreiwillige Überlebensstrategie wird sie von einigen Nerven, Drüsen und Organen gesteuert, die zusammengefasst Sympathikus heißen. Der Parasympathikus dagegen hat eine beruhigende Wirkung. Die Atmung wird langsamer und der Puls verlangsamt sich. Der Körper wird auf Ruhe und Verdauung vorbereitet. Die zwei Gegenspieler stehen für unterschiedliche Seiten des Erregungsspektrums. Welcher ist besser für uns?

Die Forschung hat bewiesen, dass ein wenig Druck ganz hilfreich für unsere Leistungen sein kann. 1908 fanden Robert Yerkes und John Dodson heraus, dass Mäuse besser lernten, wenn sie einen „mäßigen" Stromschlag erhielten und schlechter waren, wenn der Stromschlag „sanft" oder „extrem" war. Daraufhin formulierten sie das Yerkes-Dodson-Gesetz. Es besagt, dass sich Leistung bei mentaler oder körperlicher Erregung steigert, allerdings nur bis zu einem gewissen Punkt. Ist die Erregung zu stark, wird die Leistung schwächer. Vor einer öffentlichen Ansprache ist es zum Beispiel gut, etwas nervös zu sein, aber nicht so sehr, dass man seinen Text vergisst. Der optimale Erregungszustand hängt stark von der Komplexität und Vertrautheit der Aufgabe ab. So ist es kein Problem, während des Staubsaugens ein gruseliges Hörbuch zu hören, aber wir möchten sicher nicht, dass ein Chirurg sich gleichermaßen ablenkt.

Das Gesetz ist nach wie vor beliebt, trotz Kritik aus der Wissenschaft an der Durchführung der Studie von 1908. Es wurde seitdem auf viele Bereiche menschlicher Leistung angewandt, auch auf den Arbeitsplatz. Kritiker warnen, dass es die Praxis, den Level an Stress bei der Arbeit hochzusetzen, legitimiert, und jüngere Forschungen bestätigen die Verbindung von Stress und abnehmender körperlicher und geistiger Gesundheit.

PERFORMANCE

Leistung

Aufmerksamkeit

Angst

Schlaf

Desorganisation

STRESS

STRESS UND LEISTUNG

Dem Yerkes-Dodson-Gesetz nach kann ein wenig Stress der Leistung guttun. Wir können keine Leistung bringen, wenn wir so entspannt sind, dass wir einschlafen, aber auch nicht, wenn wir so unter Druck stehen, dass wir nicht mehr geradeaus denken können. Es gibt ein Stress-Optimum, irgendwo zwischen Wachheit und Angespanntheit, bei dem unser Fokus ausgerichtet und unsere Sinne geschärft sind.

Wie verändern Drogen das Bewusstsein?

⟶ **Zum Glück gibt es keine Droge, die einem wortwörtlich „das Hirn wegpustet", aber viele verändern die Art, wie es arbeitet. Viele Drogen verändern die feine Balance der Chemikalien in unserem Gehirn.**

Im späten 19. Jahrhundert schaute der spanische Neurowissenschaftler Santiago Ramón y Cajal durch ein Mikroskop und zeichnete, was er sah. Das Ergebnis waren Hunderte schöner Zeichnungen von Gehirnzellen. Seine Experimente illustrierten, dass es zwischen den Zellen Lücken gab, was Heinrich Waldeyer zu seiner Neuronentheorie inspirierte. Sie führt an, dass sich das Nervensystem aus nicht verbundenen Gehirnzellen zusammensetzt, was auch heute noch Gültigkeit hat. Das Gehirn und die Wirbelsäule bestehen tatsächlich aus Milliarden dieser Neuronen mit Spalten dazwischen, den Synapsen.

Neuronen kommunizieren miteinander und übermitteln Information rund um den Körper. Die Information wandert in elektrischer Form am Neuron entlang, aber wenn sie an eine Synapse gelangt, muss sie in eine chemische Form gebracht werden, um die Lücke zu überwinden und den Weg fortzusetzen. In dieser chemischen Form heißen sie Neurotransmitter und haften sich an Proteine, die Rezeptoren, des benachbarten Neurons. Neurotransmitter, wie Adrenalin und Glutamat, steigern sogar die neuronale Aktivität. Sie werden exzitatorische Neurotransmitter genannt. Andere, wie Adenosin und Serotonin, verlangsamen neuronale Aktivitäten, auf sie wird sich als inhibitorisch bezogen. Bekannt sind mehr als 50 verschiedene Neurotransmitter.

Bewusstseinsverändernde Drogen wirken, weil sie mit den Rezeptoren interagieren und die Balance der Neurotransmitter im Gehirn verändern. Das können Alltagssubstanzen wie Koffein sein oder verschriebene Medikamente wie Antidepressiva oder Freizeitdrogen wie Marihuana.

Koffein bindet sich an Adenosinrezeptoren und blockiert deren Aktivität, der Adenosinpegel sinkt. Ein ansteigender Adenosinspiegel lässt uns meist schläfrig werden. Kaffee hat die gegenteilige Wirkung, er gibt uns das Gefühl, munter und wach zu sein. Antidepressiva haften sich an Serotoninrezeptoren und erhöhen vorübergehend die Verfügbarkeit von Serotonin, während die aktive Substanz von Marihuana – Tetrahydrocannabinol (THC) – sich an die Cannabinoidrezeptoren des Gehirns heftet, dadurch beruhigend wird und einen erhöhten Dopaminspiegel verursacht.

DIE REISE VON NERVENSIGNALEN

Nervensignale bewegen sich in ihrer elektrischen Form an Neuronen entlang, bis sie zu einer Spalte, der Synapse, gelangen. Um sie zu überwinden, müssen sie in eine chemische Form gebracht werden, die Neurotransmitter genannt wird. Auf der anderen Seite angelangt, nehmen sie ihre ursprüngliche Form wieder an und setzen ihre Reise fort – wie ein Auto, das die Straße entlangfährt, bis sie endet, auf eine Fähre verladen wird, den Fluss überquert (der Fluss steht hier für die Synapse), und auf der anderen Seite schnell davonfährt.

Wie erkennen wir andere Menschen?

⟶ Den stärkste Wiedererkennungswert hat für uns ein Gesicht. Entscheidende Gehirnzellen reagieren auf bestimmte Gesichtszüge, anhand derer wir unser Gesicht und das all derer erkennen, die wir kennen.

Ob wir dem Nachbarn zuwinken oder unserem Chef eine Grimasse ziehen – die Fähigkeit, anderer Leute Gesichtsausdruck zu lesen, ist wichtig. Es ist ein Vermögen, dass die meisten von uns schon früh im Leben erwerben und bis ins hohe Alter behalten. Es hilft uns nicht dabei, festzustellen, mit wem wir es zu tun haben, sondern auch, was andere fühlen und denken, so dass die Gesichtserkennung ein bedeutender Teil sozialer Interaktion ist.

Wissenschaftler haben viel von Menschen gelernt, die diese Fähigkeit verloren haben – durch eine Gehirnschädigung oder Krankheit. Der Neurologe Oliver Sack verfasste die berühmte Beschreibung „des Mannes, der seine Frau mit einem Hut verwechselte". Der Patient von Sacks litt an einer Seelenblindheit, einem sehr seltenen Zustand, in dem er nicht mehr in der Lage war, vertraute Dinge und Menschen durch Ansehen zu erkennen. Ähnlich können Menschen mit Prosopagnosie (Gesichtsblindheit) bekannte Gesichter nicht erkennen, auch nicht ihr eigenes. Häufig ist in diesen Fällen der Gyrus fusiformis beschädigt, ein wichtiger Bereich nahe der Schädelbasis, der auf Gesichter anspricht.

Bildgebende Studien, bei denen gesunde Menschen Gesichter betrachteten, während sie in einem Scanner lagen, bestätigten seither die Bedeutung dieser Gehirnregion. Studien mit Primaten gingen sogar noch weiter und gaben präzise an, welche Zellen dafür verantwortlich sind. Das erwachsene Makaken-Gehirn hat Milliarden von Neuronen, für das Erkennen eines Gesichts sind nur etwa 200 nötig. Die Forschung von Doris Tsao und Steven Le Chang brachte hervor, dass diese Zellen in sechs Bereichen angesiedelt sind, den Face-Patches. Einige feuern als Reaktion auf Unterschiede in der Form, etwa dem Abstand zwischen den Augen oder der Breite des Munds, andere reagieren auf Hautton und -bild.

Die Gehirne von Makaken und Menschen ähneln sich sehr. Daraus ableitend scheint unser Gehirn Gesichter als Summe einzelner Teile zu verarbeiten und nicht als ein Ganzes. Wenn Sie also „aus Versehen" Ihren Chef im Flur ignorieren, schieben Sie es auf Ihre Neuronen.

HERR GEMÜSEGESICHT

Was zeigt das Bild? Für die meisten ist die Antwort eindeutig: einen Mann mit einem Gesicht aus Gemüse. Für die geschätzten 2 Prozent, die gesichtsblind sind, ist dort kein Gesicht zu sehen, nur die Zutaten für einen Gemüseeintopf. Gesichtsblindheit kann vererbt sein oder – seltener – durch Gehirnschädigung oder Krankheit verursacht werden. Meist suchen sich Betroffene andere Merkmale, an denen sie andere Menschen erkennen, Kleidung etwa oder die Stimme.

Wie merken sich Taxifahrer Abkürzungen?

➔ Zwei Worte: „das Wissen". Die Zeit und Mühe, die Taxifahrer aufwenden, um sich Londons Straßenlabyrinth einzuprägen, bringt einen Teil ihres Gehirns zum Wachsen, was zu spektakulären Navigationsergebnissen führt.

Die Uhr läuft, als der Taxifahrer scharf abbiegt. Er versichert Ihnen, das sei die schnellste Route, und bevor Sie protestieren können, sind Sie schon am Ziel. Geben Sie großzügig Trinkgeld und danken Sie „dem Wissen".

„Das Wissen" ist Londons legendäre Prüfung für Taxifahrer. Bevor sie auf die Straßen losgelassen werden, müssen sich die Fahrer die Anordnung der 25.000 Straßen und Tausende von interessanten Plätzen einprägen. Sie müssen im Verlauf von mehreren Jahren viele Prüfungen bestehen. Erst dann kennen sie alle Seitenstraßen und Ausweichstrecken, ohne jemals ihr Navigationssystem anstellen zu müssen. Wie schaffen sie das nur?

Wissenschaftler vermuteten eine Beteiligung des Hippocampus, ein Bereich im Temporallappen des Gehirns, der wie ein Seepferdchen geformt ist. Vor fünfzig Jahren bewies John O'Keefe die Existenz von Ortszellen: spezialisierte Hippocampuszellen, die aktiv werden, wenn ein Tier einen bestimmten Ort erreicht. Diese Beobachtung spornte die Vorstellung kognitiver Karten als mentale Repräsentationen von Orten und Routen.

Studien zeigten, dass Arten, die Nahrung verstecken, zu größeren Hippocampi neigen als vergleichbar große Arten, die sich nicht so viele räumliche Informationen merken müssen. Das veranlasste Eleanor Maguire zu der Frage, ob dasselbe auf Taxifahrer zutreffen würde. Im Jahr 2000 setzte sie für den Vergleich der Gehirne von Taxifahrern und Nicht-Taxifahrern MRT-Aufnahmen ein und fand bei den Taxifahrern tatsächlich größere Hippocampi vor.

Die Studie ließ auf eine Verbindung zwischen räumlichem Gedächtnis und Hippocampus-Größe schließen, bewies aber nicht, dass „das Wissen" der Grund dafür war. Vielleicht werden Menschen mit großem Hippocampus einfach häufiger Taxifahrer.

Also scannte Maguire die Gehirne von Fahrern vor und nach Vollendung ihrer Ausbildung und verglich sie mit ihren Prüfungsergebnissen. Vor dem Wissen waren die Hippocampi aller Fahrer ähnlich groß. Nach der Prüfung war dieser Teil des Gehirns größer bei denen, die bestanden hatten. Für „das Wissen" zu lernen, vergrößert das Gehirn, einfach ausgedrückt, und das ist wohl der Grund, warum Londoner Taxifahrer sogar Abkürzungen noch abkürzen können.

DAS WISSEN

Die Anordnung der Straßen Londons auswendig zu lernen – auch als „das Wissen" bekannt – verändert das Gehirn der Taxifahrer. Der Hippocampus als ein Schlüsselbereich für das Lernen und Merken wächst. Das ist nicht anwendbar auf Ärzte, die auch viele Informationen aufnehmen müssen oder auf Gedächtniskünstler, die viele Listen auswendig lernen. Stattdessen ist dies eine Reaktion auf Navigationswissen, denn das Gehirn erstellt detaillierte kognitive Landkarten der Umgebung.

IDENTITÄT

ICHBEZOGENHEIT

PERSÖNLICH-
KEITSSTRESS

SOZIALE
INTERAKTION

KONFLIKT

ROLLEN-
VERMISCHUNG

KAPITEL 5

ENTWICKLUNGS-PSYCHOLOGIE

BINDUNGEN

PSYCHOSOZIALE ENTWICKLUNG

EINFÜHRUNG

Stellen Sie sich vor, dass Sie in zwei Jahren schlanker und größer sind, mehr können und neugieriger sind als heute. Der Gedanke an eine solche Veränderung bei sich selbst ist schwierig. Dennoch ist das mit Ihnen passiert, zwar schon vor langer Zeit, aber dafür umso öfter. Zu keiner anderen Zeit im Leben entwickeln wir uns schneller als im Kindesalter. Dieses Kapitel dreht sich um die Faszination des kindlichen Lernens und Wachsens und um die wichtigsten Entwicklungsphasen, die sie scheinbar mit Leichtigkeit meistern.

Bowlbys berühmte Entdeckung war, dass unsere frühen Beziehungen uns mehr mitgeben als nur Nahrung, um zu überleben und zu gedeihen. Trost, Schutz und Sicherheit sind Schlüsselfaktoren für die Entwicklung lebenslanger, gesunder Bindungen. **MARY AINSWORTH** untersuchte, wie Kinder sich an Mütter binden und warum das wichtig ist. Sie beobachtete, wie Kinder reagierten, wenn ihre Mutter oder ein Fremder den Raum betraten und erarbeitete daraus Kernkategorien von Bindungen, von sicher bis unsicher. Letzteres steht mit Problemen mit Beziehung, dem Selbstwertgefühl und geistiger Gesundheit in Verbindung. Aber wird dadurch auch die Stressbewältigung schwieriger?

Damit wir feststellen können, wie Menschen klarkommen, mussten Psychologen Stress bewerten können. Damals fasste die Bindungstheorie Fuß, als Holmes und Rahe erkannten, wie sie das Wesentliche großer Ereignisse, wie Umzüge, Trauerfälle oder Scheidungen, messen konnten. Obwohl sie mit späteren Erkrankungen in Verbindung gebracht werden, stellte Kanner fest, dass unser **ALLTAGS-STRESS** weitaus problematischer ist als intensive **LEBENS-EREIGNISSE**, die temporär stattfinden. Seither haben Psychologen entdeckt, dass ein unsicherer Bindungsstil den Umgang mit starkem Druck beeinträchtigt. Die frühen Erfahrungen, die diesen Stil formen, können dazu führen, dass nicht um Hilfe gebeten wird.

Welche Bindung Kinder zu ihren Bezugspersonen haben mögen, sie können die Welt ausschließlich aus deren Sicht sehen. Auf dem Weg zum Erwachsensein entwickeln sie sich durch Piagets Stufen der Kognitionsentwicklung und ringen mit der **THEORY OF MIND**. Im Jugendalter begreifen sie, dass andere Menschen andere Gedanken und Gefühle als sie haben und können folgen, welche das sind.

Eriksons Theorie der psychosozialen Entwicklung umspannt unser ganzes Leben. Als Babys lernen wir Vertrauen, Misstrauen und Hoffnung. Mit 65 sind wir auf Akzeptanz versus Verzweiflung fokussiert, mit Beimischung von Weisheit.

Fast alles, was Kinder machen, ist bedeutungsvoll, bis zu den Gründen, warum sie spielen. Beim Spielen lernen Kinder zu geben, zu nehmen und zu kommunizieren. Mit fünf Jahren können sie im Spiel kooperieren, was immens wichtig ist, denn die Zusammenarbeit ist entscheidend für unseren Erfolg als Spezies.

KARTE DER ENTWICKLUNGSPSYCHOLOGIE

AUTISMUS
Lebenslange Entwicklungsstörung, wirkt sich auf die Kommunikation mit anderen Menschen und der Interaktion mit der Welt aus. Häufig mit Defiziten in der Theory of Mind.

ZUSAMMENARBEIT
Die Rollen, die jede Person auf dem Weg zu einem gemeinsamen Ziel spielt, zuteilen und akzeptieren.

JUDITH DUNN
Britische Psychologin (geb. 1939), mit dem Fachgebiet soziale Entwicklungspsychologie und die Natur des sozialen Verständnisses von Kleinkindern.

THEORY OF MIND
Fähigkeit, sich Meinung, Emotionen, Perspektiven und Gedanken anderer Menschen zu erschließen, setzen wir in alltäglichen sozialen Situationen ein.

SOZIALE BEZIEHUNGEN
Verbindungen mit Personen außerhalb des Zuhauses, durch die Kinder lernen, sich „sozial akzeptabel" zu verhalten.

FALSE BELIEFS
Fehlglaube als Resultate nicht korrekter Argumentation und Annahmen. Ein wichtiger Aspekt der Theory of Mind.

ICHBEZOGENHEIT
Wahrnehmung der Welt nur aus der eigenen Sicht und Annahme, dass andere die Welt so wie wir wahrnehmen.

ALLTAGSSTRESS
Die Mühen, die wir jeden Tag aufwenden. Kanners Skala (1981) fokussiert sich auf 117 davon als Vorläufer stressbedingter Erkrankung.

SKALA DER SOZIALEN WIEDERANPASSUNG
Instrument zum Messen von Stress durch Wertung von Lebensereignissen in „Life Change Units".

LEBENSEREIGNISSE
Bedeutende, Stress erzeugende Erfahrungen im Laufe unseres Lebens. Holmes und Rahe nahmen 43 in ihrem Stressfragebogen (1967) auf und wiesen ihnen relative Werte zu.

STRESS

DYNAMIKEN

SPIELERISCHE DISRUPTION
Die Grenzen bestimmter sozialer Situationen durch externalisiertes Verhalten testen.

BOWLBYS BINDUNGSTHEORIE
Die Bindung, die wir mit Bezugspersonen aufbauen. Entscheidend sind frühe Beziehungen, nicht nur für Nahrung, auch für Schutz, Zuwendung und Nähe.

REPRÄSENTATIONEN
Denkweisen, die uns beim Lernen helfen, von der körperlich verinnerlichten Repräsentation zu Beginn des Lebens über die ikonischen bis zur symbolischen (Bruner) Repräsentation.

MARY AINSWORTH
Amerikanisch-kanadische Psychologin (1913–1999), die drei Bindungsstile bei Kindern zwischen 9 und 18 Monaten beobachtete: sicher, unsicher-vermeidend, unsicher-ambivalent bei ihrem „Fremde-Situations-Test".

TUGENDEN
Acht erstrebenswerte Eigenschaften, die in jeder der acht Lebensstufen erworben werden können: Hoffnung, Willenskraft Zielstrebigkeit, Tüchtigkeit, Treue, Liebe, Fürsorge und Weisheit (Erikson).

PSYCHOSOZIALE KONFLIKTE
Inkompatibilität zwischen unseren psychologischen Bedürfnissen und unserem sozialen Umfeld. Ihre Lösung – oder nicht – wirkt sich auf unsere Persönlichkeitsentwicklung aus (Erikson).

SELBSTEMPFINDUNG
Der Sinn für die Richtung im Leben, Hingabe an die eigenen Überzeugungen und eigene Wahrnehmung in Gesellschaft.

LEBENSABSCHNITTE

Gehen Seeleute durch Stress unter?

→ Dauerhafter Stress kann jeden in die Knie zwingen und er tritt in vielen Formen auf. Psychologen haben verschiedene Skalen aufgestellt, um die Menge des Stresses zu bewerten und die möglichen Konsequenzen aus dem Erleben von Stress.

Das Leben ist eine holprige Straße voller Herausforderungen und Veränderungen. Einige davon, wie die Geburt eines Babys oder die Verwicklung in einen Verkehrsunfall, können viel Stress verursachen, aber wie viel Stress erleben wir wirklich und welches sind die Nachwirkungen?

1967 erarbeiteten Thomas Holmes und Richard Rahe einen Fragebogen, um Stress eine Größe zuzuordnen, bezogen auf Lebensereignisse, die erheblich stressbelastet sind und denen wir im Leben begegnen. Sie bewerteten 43 Lebensereignisse nach ihren potenziellen Auswirkungen. Der Tod des Ehemanns/der Ehefrau hat den Highscore mit 100 „Life Change Units", dahinter rangierten Scheidungen mit 73. Weniger bedeutende Ereignisse, wie der Besuch einer neuen Schule, verreisen oder ein Knöllchen erhalten, punkten mit 20 oder weniger. Sie nannten dies die Stressskala oder Skala der sozialen Wiederanpassung.

Drei Jahre später testete Rahe den Fragebogen an 2500 amerikanischen Seeleuten. Er fand eine positive Korrelation zwischen den Ergebnissen und anschließenden Gesundheitsproblemen. Wo Anzahl und Gewichtigkeit der Ereignisse anstiegen, folgten häufigere Erkrankungen. Stress, scheint es, kann sogar einen Seemann untergehen lassen.

Das amerikanische Institute of Stress gibt heute an, dass eine jährliche Punktzahl von über 300 Life Change Units bedeutet, dass die betroffene Person eine 80-prozentige Chance besitzt, in den nächsten zwei Jahren stressbedingt zu erkranken, etwa Angstzustände oder Depressionen entwickelt. Weniger Punkte bedeuten ein geringeres Risiko. Zwar gibt es viele Hinweise darauf, dass chronischer Stress ungesund ist, aber es gibt weniger Beweise für die Bewertung stressbehafteter Ereignisse auf diese Art.

Die meisten Menschen machen nämlich nicht sehr oft große Ereignisse durch, so dass eine bessere Methode wohl den Alltagsstress einbezieht, etwa Gewichtsprobleme oder den Verlust des Handys. Das hatte A. D. Kanner im Sinn, als er 1981 eine Skala aufstellte, in die er 117 dieser sogenannten Alltagssorgen aufnahm. Sie sind, fand er, viel besser als Vorhersage stressbedingter Krankheiten geeignet als die ältere Skala. Auch viele kleine Stressmomente können einen Seemann zum Kentern bringen.

LEBENSEREIGNISSE

Eine geliebte Person zu verlieren oder ins Gefängnis gehen zu müssen, sind natürlich sehr stressbeladene Erfahrungen, aber auch sogenannte „fröhliche" Ereignisse können Quellen für enormen Stress sein. Holmes und Rahe nahmen daher positive und negative Ereignisse in ihre Skala der sozialen Wieder-anpassung. Eine Schwangerschaft und ver-reisen, etwa, können sowohl positiv als auch negativ sein. Die Skala zeigt, dass Stress sich kumulativ auswirken kann und dass viele kleine Ereignisse im Leben dieselbe Schlag-kraft haben wie wenige große.

1. Tod des Ehepartners
2. Gefängnisstrafe verbüßen
3. Schwangerschaft
4. Besuch einer neuen Schule
5. Verreisen

1 **100**
2 **63**
3 **40**
4 **26**
5 **13**

LIFE CHANGE UNITS (LEBENSEREIGNISSE)

Sollte man eine Mail mit unbekanntem Anhang runterladen?

⟶ Nein. Sie sollten nur sichere Dateien downloaden. Ob als E-Mails oder sich entwickelnde Freundschaften – sichere Verbindungen sind besser.

Eine Bindung im psychologischen Sinn ist nichts, was wir runterladen können. Gemäß der Bindungstheorie steht der Begriff für die emotionale und physische Verbundenheit, die zu unseren Beziehungspersonen entsteht. Sie baut sich allmählich auf und hängt davon ab, wie unsere Beziehungspersonen auf uns reagieren und von ihren eigenen Bindungsstilen.

Die Bindungstheorie wurde in den 1950ern von John Bowlby entwickelt. Er untersuchte die Mutter-Kind-Beziehung bei Affen und bewies die Bedeutung früher Beziehungen, nicht nur für die Ernährung, sondern für Nähe, Schutz und Zuwendung.

Mary Ainsworth erweiterte Bowlbys Theorien in den 1970ern und ergänzte sie um drei Bindungsstile bei Kindern zwischen neun und achtzehn Monaten: sicher, unsicher-vermeidend und unsicher-ambivalent. Um zu erkennen, welchen Bindungsstil ein Kind hatte, beobachtete Ainsworth im „Fremder-Situations-Test", wie es reagierte, wenn seine Mutter oder ein Fremder den Raum betraten und verließen. Ein vierter, „desorganisierter" Bindungsstil wurde später hinzugefügt für Kinder, die keinem der anderen zuzuordnen waren.

Die Bindungstheorie erhielt aber auch Kritik, weil sie kulturell nicht allgemeingültig war. Keller (2018) wies darauf hin, dass ihre Basis die typische westliche, Mittelklasse-Kernfamilie ist, in der ein Kind eine Hauptbezugsperson hat und in der auf bestimme Art auf Emotionen reagiert wurde. Und natürlich zieht nicht die ganze Welt ihre Kinder so auf – einige Kulturen verfolgen gemeindebasierte Erziehungsstrategien und reagieren anders auf Emotionen.

Was bedeuten Bindungsstile für uns? Die Forschung sagt, dass frühe Bindungsstile sich auf unser späteres Leben auswirken. Unsichere Bindungen stehen in Verbindung mit geringer Selbstachtung, Schwierigkeiten in Beziehungen und dem erhöhten Risiko auf eine geistige Erkrankung. Bei Erwachsenen dient die Bindungstheorie dazu, die Lebenserfahrungen einer Person zu verstehen und zu bewerten, etwa für die Behandlung geistiger Erkrankungen. Bindungsstile von Erwachsenen können mit dem „Adult Attachment Interview" (Erwachsenen-Bindungs-Interview) gemessen und als abweisend, autonom, präokkupiert oder unverarbeitet klassifiziert werden.

DIE VIER BINDUNGSSTILE

Die vier kindlichen Bindungsstile nach Ainsworths Fremde-Situations-Test. Bei dem Experiment konnte die Psychologin Mary Ainsworth die Bindungsstile beobachten und kategorisieren. Allerdings war das Experiment nur auf westliche Kernfamilien der Mittelklasse zugeschnitten.

SICHER
Traurig, wenn Bezugsperson geht. Vermeidet Fremde, wenn es mit ihm allein ist, aber freundlich mit anwesender Bezugsperson. Positiv, wenn Bezugsperson zurückkehrt. Bezugsperson kann das Kind beruhigen.

UNSICHER-VERMEIDEND
Nicht traurig, wenn Bezugsperson geht. Nicht verärgert über Fremde, spielt normal. Zeigt wenig Interesse, wenn Bezugsperson zurückkehrt. Bezugsperson und Fremde können beide das Kind beruhigen.

UNSICHER-AMBIVALENT
Verzweifelt, wenn Bezugsperson geht. Vermeidet und fürchtet Fremde. Sucht Bezugsperson, aber verweigert Kontakt. Schwer zu beruhigen.

DESORGANISIERT
Ängstlich, sich der Bezugsperson zu nähern. Scheint verwirrt oder desorientiert. Widersprüchliches Verhalten, d. h. auf Wut folgt Verträumtheit.

Welches Ego hat Ihr Kind?

→ Kinder scheinen riesige Egos zu haben, sie können allerdings die Welt auch nur aus ihrer eigenen Perspektive sehen. Aber in vier Schlüsselphasen entwickeln sie sich schnell. Wenn sie erwachsen sind, werden sie verstanden haben, dass andere Menschen andere Gedanken und Gefühle haben.

1936 sagte der Schweizer Psychologe Piaget, dass jedes Kind zwischen 0 und 11+ Jahren vier festgelegte Stufen der Kognitionsentwicklung durchläuft. In diesen Stufen lernen Kinder aktiv ihr Umfeld kennen und erforschen es, sie entwickeln ihre mentalen Repräsentationen und ihr Wissen (Schemata – siehe Seite 62) über die Welt. Laut Piaget nimmt die Ichbezogenheit von Kindern in dieser Zeit ab.

Was ist Ichbezogenheit? Es ist die Neigung, die Welt ausschließlich vom eigenen Standpunkt aus wahrzunehmen und davon auszugehen, dass alle die Welt so sehen wie man selbst. Sind Kinder also selbstsüchtig? Vielleicht, aber sie sind ja auch Werke in Entstehung.

Der erste Schritt zur Reduzierung der Egozentrik findet in der sensomotorischen Stufe (0–2 Jahre) statt. Kinder kombinieren ihre Sinne und motorischen Fertigkeiten, um Intelligenz aufzubauen. Sie lernen, dass Dinge existieren und Ereignisse passieren, auch wenn sie sie nicht sehen (Objektpermanenz)

Darauf folgt die präoperationale Stufe (2–7 Jahre). Kinder erforschen über symbolisches, oder Fantasiespiel. Sie fokussieren sich meist auf nur einen Aspekt einer Situation (Zentrierung) und sind weiter sehr in ihrer eigenen visuellen Welt versunken. Beim Spielen setzen sie Sprache ein, aber eher, um ihr eigenes Denken zu externalisieren und nicht, um mit anderen zu kommunizieren.

In Stufe 3, der konkret-operationalen Phase (7–11 Jahre) beginnt das logische Denken und Erkennen von Regeln und deren Anwendung auf physische Objekte. Kinder verstehen allmählich, dass ihre Gedanken und Gefühle einzigartig sind, so wie die der anderen Menschen, aber sie sind nicht unbedingt fähig, darüber nachzudenken, wie oder was jemand anderes erlebt.

In der letzten Stufe, der formal-operationalen Phase (11+ Jahre), wird logisches Denken auf abstrakte Probleme angewandt (abstraktes Denken). Die Fähigkeit, hypothetische Gedanken zu haben, hilft Kindern, andere Standpunkte als ihren eigenen zu verstehen.

Hört es da auf? Nun, Piagets Theorie wohl, aber viele glauben, dass wir unsere Schemata weiterhin entwickeln – bis in unsere Zwanziger hinein – und darauf aufbauen, was wir durch Interaktion mit anderen lernen und, wichtig, mit unserem sozialen Umfeld.

DAS DREI-BERGE-PROBLEM

Kann ein Kind, aufbauend auf dem Wissen, das es über die ganze Szene besitzt, begreifen, was jemand am Punkt C gerade sieht? Ein vierjähriges Kind erfasst nur, was im eigenen Blickfeld zu sehen ist (Punkt A). Mit sieben hat es eine objektivere Perspektive (Punkt B), aber erst mit elf (Piagets formal-operationaler Phase) kann es einen anderen Blickpunkt als ihren eigenen korrekt identifizieren (Punkt C). Es ist, als ob jede Phase ein Baustein zur Konstruktion einer weniger egozentrischen Sicht auf die Welt ist.

Warum schüttelt ein Baby seine Rassel?

➡ Bei der kognitiven Entwicklung dreht sich alles um die Entwicklung vom Konkreten zum Abstrakten, von Rasseln zu imaginären Spielen. Zunächst ziehen wir Erkenntnisse aus Handlungen und gehen über zum Erwerb von Wissen über Bilder und Symbole.

Jerome Bruner interessierte sich dafür, wie Menschen Wissen aufbauen, repräsentieren und organisieren, und wie die verschiedenen Denkarten, oder Repräsentationen, uns bei der Entwicklung unseres Lernens helfen.

Körperlich verinnerlichte Repräsentation ist Thema im ersten Lebensjahr und bezieht sich direkt darauf, warum ein Baby seine Rassel schwenkt. Unser Denken fußt auf körperlichen Handlungen.. Babys setzen ihre motorischen Fähigkeiten ein, wenn sie eine Rassel schütteln, und aktivieren dabei mehrere Sinne, sie hören das Geräusch und beobachten die Bewegung. Neben Stimulation und Unterhaltung steht die Rassel für die Fähigkeit zu lernen und sich etwas zu merken. Babys lernen, dass das Schütteln mehrere Resultate haben kann, und ihr Muskelgedächtnis entwickelt sich, so dass sie beim nächsten Mal gleich wissen, was man mit einer Rassel macht. Diese handlungsbasierte Repräsentation brauchen wir später wieder, wenn wir beispielsweise das Radfahren lernen.

Im Alter zwischen einem und sechs Jahren beginnen wir mit der ikonischen Repräsentation – wir erfahren Konzepte durch Bilder, nicht immer bewusst, kann sie uns aber helfen, neue Informationen zu speichern, wie die Abbildung einer Pizza zur Verdeutlichung von Bruchrechnung.

Das Speichern von Wissen, das auf angeborenen Handlungen oder Bildern beruht (verinnerlichte oder ikonische Repräsentationen), kann sehr begrenzt sein, denn es kann schwierig sein, das Wissen in einem anderen Kontext anzuwenden. Symbolische Repräsentationen – Informationen, die als Code oder Symbol gespeichert sind, wie zum Beispiel Sprache – sind flexibler und können manipuliert werden. So lernen wir etwa, dass ein Hund eine bestimmte Tierart ist oder verstehen, dass wir bei einem Pluszeichen zwei Dinge addieren sollen. Die Entwicklung symbolischen Denkens beginnt bei etwa sieben Jahren und ist der Schlüssel zu unserer gesamten kognitiven Entwicklung.

Wie überträgt sich das auf die Erziehung? Anders als Piaget (siehe Seite 62) glaubte Bruner, dass Kindern jeden Alters jedes Thema beigebracht werden kann. Der Schlüssel dabei ist, wie die Information aufgebaut wird, um der Form der Repräsentation zu entsprechen, die bei dem Kind gerade aktuell ist – beginnend mit vereinfachten Ideen und steigernd zu komplexeren.

BRUNERS SCAFFOLDING

1983 prägten Bruner und seine Kollegen den Begriff „Scaffolding", um zu beschreiben, wie Lehrer und Eltern ein Gerüst (englisch: scaffold, siehe unten) aufbauen können, das Kindern beim Lernen hilft, damit sie irgendwann ihre Probleme allein lösen können. Das funktioniert durch Schaffung von Handlungsmodellen, wie das Schütteln einer Rassel, damit das Verhalten imitiert werden kann oder durch Hinweise für die Lösung eines Problems oder durch Aufteilen des Problems in Abschnitte wie bei einem Gerüst, auf das aufgebaut werden kann.

Ist soziale Interaktion ein Kinderspiel?

➡️ Ja, sagt Judith Dunn, eine Psychologin, die auf soziale Entwicklung spezialisiert ist. Dunns Forschung beschäftigt sich damit, wie Kinder lernen, auf gesellschaftlich angemessene Art zu interagieren.

Kinder wachsen in einer komplexen sozialen Welt auf. In Familien gibt es Rollen und Regeln, die Kinder verstehen und lernen müssen. Das hilft ihnen, sich sozial zu entwickeln: ihr soziales Spiel, ihre Kooperation und das Necken. Die Qualität der familiären Interaktion und ob ein Kind über seine Erfahrungen diskutieren und sie reflektieren kann, beeinflusst sein Verständnis für soziale Normen und Emotionen. Dunn fand heraus, dass Kinder bereits im Alter von vier Jahren ihre eigenen Gefühle und Gedanken kannten und sich auf die anderer Personen beziehen konnten, wenn sie über ihre ersten Erfahrungen in der Tagesstätte sprachen, etwa: „Er war traurig, weil zu seiner Mama wollte."

Auch die Erfahrungen von Kindern außerhalb des Zuhauses, etwa in der Vorschule, sind wichtig. Mit drei und vier Jahren sind Kinder noch stark von Erwachsenen abhängig. Sie erhalten nun mehr Gelegenheiten, soziale Beziehungen mit anderen Kindern einzugehen, durch die sie das Geben und Nehmen lernen und auf gesellschaftlich akzeptierte Art zu spielen. In dieser Interaktion gibt es schwache Machtdynamiken, so dass Kinder eher bereit sind, ihre Gedanken und Gefühle mit Freunden zu teilen. Im Gegenzug lernen sie mehr über andere.

Bessere Kommunikation verstärkt die Fähigkeit zur Zusammenarbeit – das Vergeben und Akzeptieren der Rollen, die jede Person auf dem Weg zu einem gemeinsamen Ziel übernimmt. Dunn beobachtete, wie vier- und fünfjährige Kinder im Spiel kooperierten, zum Beispiel beim Bau eines Schneemanns. Diese Fähigkeit kommt ihnen später zugute, etwa bei der Gruppenarbeit in der Schule oder bei Mannschaftssportarten.

Wenn wir jemanden gut genug kennen, können wir einschätzen, was diese Person verstimmt und verärgert, so dass wir sie damit aufziehen können. Dunn sagt, das beginnt (nicht überraschend) bei Geschwistern. Spielerische Disruption, so wie das Stehlen des Nintendos der Schwester, ist eine Art, Aufmerksamkeit zu erhaschen und Spaß zu haben, gleichzeitig werden die Grenzen bestimmter sozialer Situationen getestet. Die Vorgaben von Erwachsenen (Lehrer oder Eltern) lassen unser Verständnis darüber, was sozial „richtig" und „falsch" ist, entstehen.

FAMILIEN, ZUHAUSE, INTERAKTIONEN

Für ihre frühe Arbeit beobachtete Dunn Geschwisterbeziehungen daheim. Da gab es interessante Familiendynamiken am Esstisch. Kinder von nur zwei Jahren zeigten ein angewandtes Verständnis dafür, wie sie ihre Geschwister ärgern oder trösten konnten. Im Einfluss der Familie und des Umfelds auf das Verständnis eines Kindes und seine Fähigkeit, sozial zu interagieren, liegt großes Potenzial für beträchtliche individuelle Unterschiede.

Können Kinder Gedanken lesen?

➡ Als Erwachsene können wir einschätzen, was in anderen Leuten vorgeht und inwiefern dies von unseren eigenen Gedanken und Gefühlen abweicht. Damit wurden wir aber nicht geboren! Wir entwickeln die Fähigkeit, bis wir etwa fünf Jahre alt sind.

Theory of Mind ist die Fähigkeit, auf Denken, Emotionen, Standpunkte und Gedanken anderer Menschen zu schließen. Warum ist das lediglich eine Theorie? Wir können uns nie ganz sicher sein, was jemand denkt oder warum eine Person auf bestimmte Weise handelt, aber wir können eine Einschätzung wagen – also eine Theorie generieren –, was in ihnen vorgeht. Ohne die Theory of Mind würden wir annehmen, dass alle Menschen dieselben Gedanken, Perspektiven und Kenntnisse haben wie wir.

Wir setzen die Theory of Mind jeden Tag ein, speziell in sozialen Situationen. Wie im Folgenden: Es ist 19 Uhr, Ihre Freunde und Sie sind in einer Kneipe verabredet. Sie fühlen sich fit, aber die anderen gähnen immer wieder und halten mit Mühe ihre Augen offen. Sie überlegen mithilfe der Theory of Mind, was sie fühlen und denken: „Sie sehen müde aus, vielleicht möchten sie lieber nach Hause gehen." Sie fragen sie, erhalten aber die Antwort, dass alles in Ordnung sei. Wieder nutzen Sie die Theory of Mind, um zu hinterfragen, ob das wirklich so ist. Ohne die Theory of Mind würden Sie denken, dass Ihre Freunde sich so energiegeladen fühlen wie Sie und könnten nicht nachvollziehen, warum sie sagen, dass sie sich gut fühlen, wenn es nicht so ist. So kann sich Autismus anfühlen. Defizite in der Theory of Mind kommen bei Autisten häufig vor und können in der kindlichen Entwicklung entdeckt werden.

Forschungen zeigen, dass es fünf Hauptbereiche der Entwicklung gibt, die bei Kindern zur Theory of Mind führen: das Verständnis, dass Menschen unterschiedliche Sehnsüchte und Ansichten haben, dass Menschen falsche Annahmen haben können und dass Menschen ihre Emotionen verstecken können. Diese Bereiche beginnen sich im Alter um die drei Jahre zu entwickeln, ihre Reihenfolge variiert in verschiedenen Kulturen. Jeder Bereich stellt einen wichtigen Teil der kindlichen Theory of Mind dar, die typischerweise bis zum Alter von fünf Jahren entwickelt ist.

DER FALSE-BELIEF-TEST

In diesem Szenario wird überprüft, ob ein Kind falsche Überzeugungen (False Beliefs) versteht, ein wichtiger Aspekt der Theory of Mind. Wenn es so ist, wird das Kind sagen, dass Sally dort nach dem Ball sucht, wo sie ihn hingelegt hat. Wenn nicht, wird es annehmen, dass Sally weiß, was es weiß und vermuten, dass sie im Schrank nachschaut.

Sally legt den Ball in die Kiste.

Sally geht weg.

Ann legt den Ball in den Schrank.

Wo wird Sally nachschauen?

Welche Rolle spielen Sie auf der Bühne?

➜ Nach Eriksons Stufenmodell der psychosozialen Entwicklung ist das Leben eine Reise von Hoffnung zur Weisheit mit allen Tugenden en route.

Erikson interessierte sich für die Entwicklung der Identität vom Kleinkind- bis ins Erwachsenenalter (er prägte den Begriff Identitätskrise). In den 1950er Jahren schlug er acht festgelegte Entwicklungsstufen vor und acht Grundtugenden, die in den jeweiligen Stufen erworben werden können: Hoffnung, Willenskraft, Zielstrebigkeit, Tüchtigkeit, Treue, Liebe, Fürsorge und Weisheit.

Erikson behandelte die psychosozialen Konflikte – zwischen unseren eigenen psychologischen Bedürfnissen und unserem sozialen Umfeld –, die wir durchlaufen und ihre Auswirkungen auf unsere Persönlichkeitsentwicklung. Die Lösung der Konflikte kann zur Entwicklung bestimmter Tugenden führen, die uns späterhin weiterhelfen, ungelöste Konflikte können zu Verletzbarkeit im weiteren Leben führen. Wenn zum Beispiel bis zum Alter von 2 Jahren kein Vertrauen entwickelt wurde (etwa durch eine ungeeignete Fürsorgeperson), können im Alter vom 25 große Probleme in der Liebe auftreten. Einige Konflikte sind allerdings auch gut für uns – sie bilden den Charakter! In der nächsten Stufe, zwischen 2 und 4 Jahren (Entwicklung des Willens), verlangen wir nach Freiheit (sich selbst ständig ankleiden), brauchen aber Regeln und Schutz durch unsere Eltern.

Für Jugendliche (zwischen 12 und 18) ist es wichtig, ein Gespür für das Selbst aufzubauen. Als Teenager sind wir viel mit Experimentieren beschäftigt – wir sind alle durch diese fragwürdigen Phasen gegangen. Wir werden durch unsere Peergruppen motiviert, wollen uns von der Gesellschaft akzeptiert fühlen und spüren gleichzeitig den Druck, eine Richtung für unser Leben zu finden. Wer in dieser Stufe Erfolg erlebt, kann meist Treue entwickeln – die Hingabe an unsere eigenen Überzeugungen und unser Selbstempfinden.

Haben wir ein starkes Selbstempfinden entwickelt, können wir in der nächsten Stufe (von 18 bis 40) hinterfragen, was wir anderen Menschen bedeuten. Unterhalten wir intime Beziehungen oder fühlen wir uns einsam und isoliert? Später (zwischen 40 und 65) ändern sich die Rollen. Wir kümmern uns um Dinge oder Kinder, die nach uns bestehen werden. Erfolg in dieser Stufe kann das Gefühl sein, etwas erreicht zu haben und unser Wissen für andere einzusetzen. Ab 65 Jahren suchen wir eine Balance zwischen der Ich-Integrität (Akzeptanz) und Verzweiflung herzustellen, die uns hoffentlich Weisheit beschert.

ERIKSONS TUGENDEN

Ausgehend von Ihrem Alter, welche Rolle würde Ihnen zukommen? Ein Kind könnte hinter der Bühne seinen Charakter bilden (Hoffnung, Willensstärke, Zielstrebigkeit, 0 bis 5 Jahre). Ein junger Mensch spricht vielleicht auf der Bühne vor, um Vertrauen aufzubauen (Tüchtigkeit, Treue, 5 bis 18 Jahre) oder ist in den Rängen, um andere Menschen zu treffen (Liebe, 18–40 Jahre). Mit zunehmendem Alter finden wir uns immer öfter auf der Seitenbühne, um andere zu unterstützen (Fürsorge, 40 bis 65 Jahre) oder im Publikum, wo wir über unsere bisherigen Rollen nachdenken (Weisheit, 65+). Letztlich spielt unser Umfeld die größte Rolle für die Entwicklung dieser Tugenden.

Andere in den Rängen treffen (Liebe, 18 bis 40)

Im Publikum, frühere Rollen reflektierend (Weisheit, 65+)

Vorsprechen auf der Bühne für das Vertrauen (Tüchtigkeit, Treue, 5 bis 18)

Hinter der Bühne Charakter entwickeln (Hoffnung, Willen, Zielstrebigkeit, 0 bis 5)

Auf der Nebenbühne anderen helfen (Fürsorge, 40 bis 65).

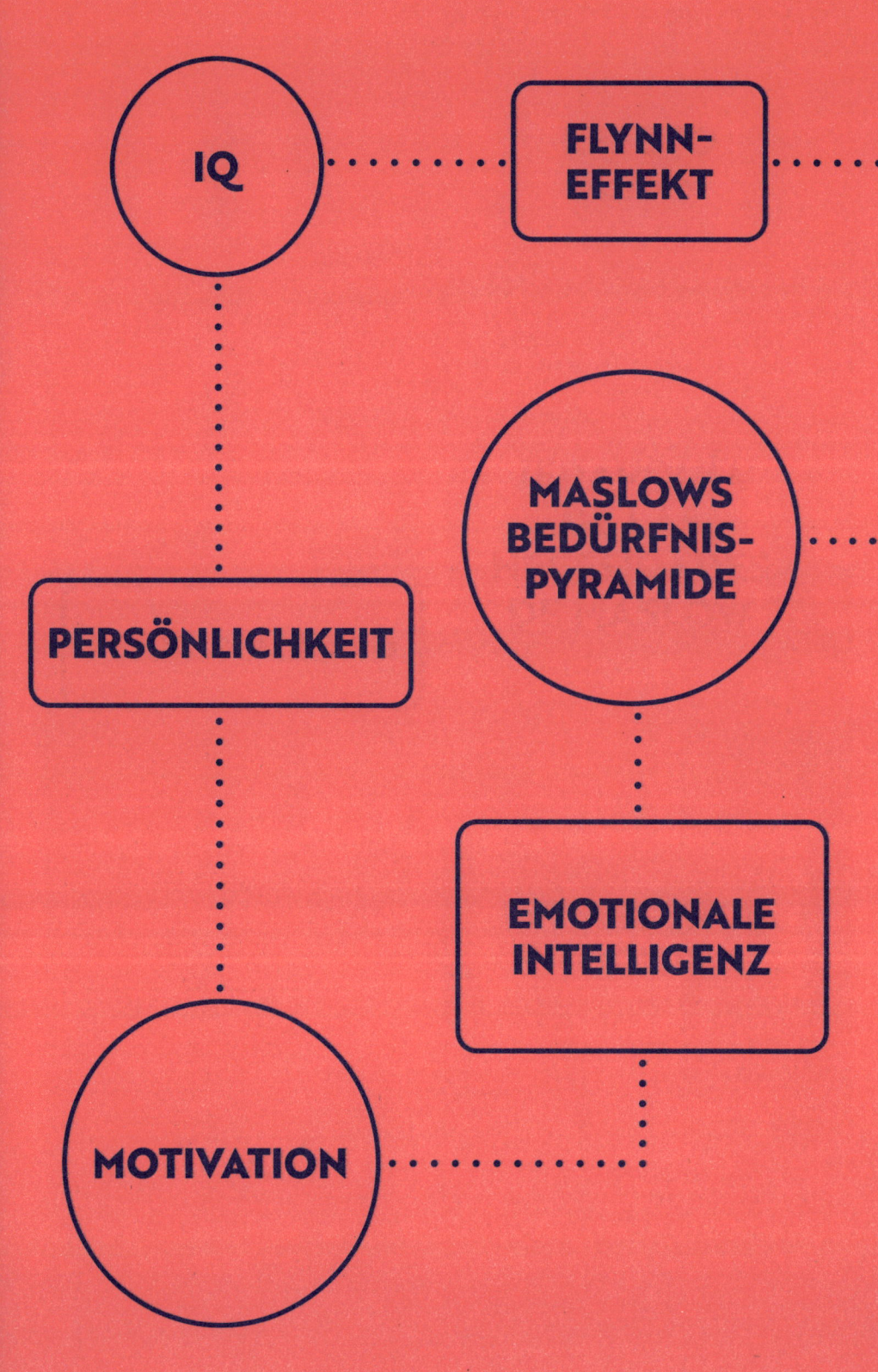

KAPITEL 6

INDIVIDUELLE UNTERSCHIEDE

N-ACH

FAKTOR-ANALYSE

EINFÜHRUNG

Manche Menschen schaffen einfach alles! Wir sehen, was sie erreichen, und glauben, sie müssten motivierter und schlauer sein als wir oder eine viel stärkere Persönlichkeit besitzen. In diesem Kapitel dreht sich alles um die individuellen Unterschiede in den intrinsischen Prozessen unseres Erfolgs und unserer Zufriedenheit.

Der menschliche Urantrieb ist die Motivation, unsere Grundbedürfnisse zu befriedigen, also unseren Magen zu füllen und in der Kälte ein warmes Plätzchen zu finden. Ist dafür gesorgt, ist die nächste Motivation damit verknüpft, was uns wichtig ist. Die meisten sind motiviert, wichtigen Bedürfnissen wie sozialen Kontakten nachzukommen. Andere drängt es nach Erfolg oder sie setzen auf die Macht der Erfahrung. Maslow sagt, dass die höchste Motivation das Bestreben nach spiritueller Ausgeglichenheit ist, ein Geisteszustand, der die Großartigen von den Guten trennt – und den nur sehr wenige erreichen.

Anders als früher sind die Anforderungen an unser Gehirn vielfältig und komplex, was teilweise erklärt, warum wir immer schlauer werden. Das nennt sich **FLYNN-EFFEKT** und bezieht sich auf den Zugewinn an Intelligenz im Vergleich zweier historischer Abschnitte. In viktorianischen Zeiten etwa würden sich Durchschnittsmenschen mit einem Intelligenztest schwertun, den heute viele mit links schaffen.

Aber die Psychologie entfernt sich davon, Hochleistung durch bestimmte Tests als Standardmarker für Intelligenz anzusehen. Um die Unterschiede zwischen den Fähigkeiten der Menschen festzuhalten, gibt es, und da würden viele Psychologen zustimmen, mehrere Arten von Intelligenz – bis zu acht –, die Linguistik, räumliche und existenzielle Intelligenz. Diese Arten werden durch die Erziehung und Lebenserfahrungen beeinflusst, wohingegen analytische Intelligenz, die in IQ-Tests bewertet wird, eher als angeboren gilt.

In letzter Zeit hat sich die **EMOTIONALE INTELLIGENZ (EI)** als entscheidender Marker für den Erfolg einer Person in der Welt herausgebildet. Jemand mit einer hohen EI versteht, wie andere sich fühlen, und passt das eigene Verhalten dementsprechend an. Den erfolgreichsten Führern wird meist eine hohe EI zugesprochen. Solch starke Führer haben starke Persönlichkeiten, eine Kerneigenschaft, die eine Person von einer anderen unterscheidet und schwer zu messen ist. Die Psychologie hat die Persönlichkeitsmessung auf **FÜNF FAKTOREN** reduziert. Jede Eigenschaft liegt in einem Kontinuum, wenn also Ihre Offenheit stark ausgeprägt ist, sind Sie erfinderisch und neugierig, zwei Eigenschaften, die zusammen an einem Ende der Skala angesiedelt sind, und nicht so beständig und vorsichtig sind wie die am anderen Ende.

Motivation, Intelligenz und Persönlichkeit unterscheiden sich von Mensch zu Mensch und geben unserer Wahrnehmung der Welt um uns herum Form. Die umfangreichste Theorie zur Erklärung individueller Unterschiede in der Interpretation und Konstruktion der Realität stammt von Kelly mit der Konstrukttheorie, nach der wir uns **KONSTRUKTE** wie Bausteine aufstellen, die unsere Gedanken, das Verhalten und am Ende auch unsere Gefühle beeinflussen.

KARTE DER INDIVIDUELLEN UNTERSCHIEDE

INTELLIGENZ

FLYNN-EFFEKT

Anstieg der Intelligenz (anhand IQ-Tests) über eine gewisse Zeit, in vielen Industriegesellschaften im Schnitt um drei IQ-Punkte pro Jahrzehnt (Flynn).

ABSTRAKTES DENKEN

Logisches Verständnis und Fähigkeit, Probleme zu lösen. Wird auch „fluide Intelligenz" genannt.

MASLOWS PYRAMIDE

Struktur, die unsere Motivation erklärt: vom Grundlegendsten, dem Überleben, ganz unten; durch Liebe und Zugehörigkeit; zu Transzendenzbedürfnissen an der Spitze.

STERNBERGS TRIARCHISCHE INTELLIGENZTHEORIE

Statt des Intelligenzquotienten gibt es drei Kategorien von Intelligenz, die eher in die heutige Welt passen: praktische, kreative und analytische.

GARDNERS MULTIPLE INTELLIGENZEN (MIS)

Menschen besitzen unterschiedliche Anteile an MIs, die durch strenge Kriterien definiert werden und sich in neun Typen aufteilen.

EMOTIONALE INTELLIGENZ (EI)

Fünf Fähigkeiten, mit denen die eigene und anderer Personen Leistung maximiert werden können: Selbstbewusstsein, Motivation, Selbstkontrolle, Empathie, soziale Kompetenz (Goleman).

DANIEL GOLEMAN

Amerikanischer Autor und Psychologe (geb. 1946), bekannt für seine Arbeit an emotionaler Intelligenz, speziell ihr Bezug auf Führung und Geschäftsleben.

LIMBISCHES SYSTEM

Teil des Gehirns im Temporallappen, der unsere Impulse, Gefühle und Antriebe steuert. Goleman riet zu einer kaufmännischen Ausbildung, bei der dieser Teil stimuliert wird.

BE-DÜRF-NISSE

SELBSTVERWIRKLICHUNG
Die Spitze von Maslows Pyramide: Erfüllung finden und alles innerhalb der eigenen Möglichkeiten erledigen. Selbstverwirklichte Menschen streben beständig nach persönlichem Wachstum.

MCCLELLANDS „N-ACH"
„Bedürfnis nach Leistung": Die Eigenschaften, die in Menschen gesehen werden, die einen angeborenen Drang nach bedeutenden Leistungen haben.

MCCRAE UND COSTAS FÜNF FAKTOREN (OCEAN)
Fünf Faktoren, die in unterschiedlichen Anteilen Persönlichkeit beschreiben und alle Erwachsenen charakterisieren: Offenheit, Gewissenhaftigkeit, Extraversion, Verträglichkeit und Neurotizismus.

INTERPRETATION

KONSTRUKTIVER ALTERNATIVISMUS
Alternative Konstrukte, die beim Umgang mit einer Situation helfen können. Verständnis für Konstrukte anderer Personen und Erkenntnis, warum sie auf bestimmte Art handeln (Kelly).

KONSTRUKTE
Angeborene persönliche Schablonen, mit denen wir ein Ergebnis vorhersagen können, meist auf gemachten Erfahrungen basierend (Kelly). Können unsere Erinnerung an Situationen beeinflussen.

EMERGENTE/IMPLIZITE POLE
Konstrukte mit einer Skala zwischen zwei gegenüberliegenden Enden: Der emergente Pol, von wo das Konstrukt angewendet wird, und der implizite Pol, der nicht aktiv angewandt wird.

FAKTORANALYSE
Statistische Analysetechnik, die versteckte Muster identifiziert und riesige Datensätze in kleinere Gruppen bestimmter Faktoren zerlegt.

PERSÖNLICHKEIT

Kann der Mensch von Brot allein leben?

→ Physiologisch ja, aber die emotionalen Bedürfnisse werden dadurch nicht gestillt. Nach Maslow ist unsere Motivation persönliches Wachstum und Selbsterfahrung. Wenn der biologischen Forderung nach Nahrung nachgekommen ist, melden sich größere Bedürfnisse.

Was motiviert uns? Laut Maslow können unsere Motivationen in Form einer Pyramide angeordnet werden. Die Grundbedürfnisse wie Nahrung, Wasser und Wärme bilden die Basis. Sind sie gestillt, werden die Dinge komplexer, so wie die Sehnsucht, Teil einer Gruppe zu sein (Liebe und Zugehörigkeit), bis zur Spitze, dem Bedürfnis nach Transzendenz durch Werte jenseits des persönlichen Ichs, etwa das Bemühen um religiösen Glauben.

Zwar sind die Bedürfnisse als Hierarchie aufgeführt und zuerst müssen mehr oder weniger die Grundbedürfnisse erfüllt sein, bevor es in höhere Sphären geht, dennoch gibt es den Gedanken, dass Menschen die ein oder andere Ebene überspringen, abhängig von ihren persönlichen Unterschieden oder ihres Umfelds. Hat man die Spitze erreicht, bedeutet das kein Ende der Motivation. Eine selbstverwirklichte Person ist ständig auf der Suche nach persönlichem Wachstum, Erfüllung und macht alles, wozu sie in der Lage ist. Maslow schätzte allerdings, dass nur 2 Prozent aller Menschen diese Stufe erreichen, einer von ihnen war Albert Einstein.

Andere Psychologen glauben, dass Menschen aufgrund ihrer Persönlichkeiten unterschiedlich motiviert sind. David McClelland formte den Begriff „N-Ach" (Need for Achievement = Bedürfnis nach Leistung), um die Eigenschaften derer zu beschreiben, die einen angeborenen Drang nach bedeutenden Leistungen besitzen. Wer einen hohen N-Ach-Level hat, lebt ganz bestimmt nicht von Brot allein, sondern sucht nach Herausforderungen und Unabhängigkeit. Die befriedigendste Belohnung ist die Anerkennung der Leistungen durch andere. Dagegen werden Menschen mit niedrigem N-Ach nicht durch Leistung motiviert und erledigen leichte Aufgaben, um das Fehlerrisiko zu minimieren, oder besonders schwere Aufgaben, bei denen Versagen nicht peinlich ist. McClelland gab seinen Testpersonen Abbildungen unklarer sozialer Situationen und bat sie, das Szenario zu beschreiben, um herauszufinden, wie stark sie durch N-Ach motiviert waren. Darüber hinaus gibt es weitere Motivationsklassen: N-Aff (Affiliation = Zugehörigkeit) oder N-Pow (Power = Macht).

N-ACH

Schultheiss und Kollegen fanden heraus, dass höhere N-Ach-Level (Bedürfnis nach Leistung) auf eine herabgesetzte Cortisol-Ausschüttung schließen ließ, das Hormon, das wir unter Stress freisetzen oder bei schwierigen Aufgaben oder im Wettkampf, wie das Erklettern eines Bergs. Sie vermuteten, der Grund läge darin, dass Leute mit hohem N-Ach gelernt haben, schwierige Aufgaben mit der Freude zu assoziieren, sie zu überwinden, so dass ihre Stressantwort schwächer war.

Werden wir immer schlauer?

➡ Den Ergebnissen von IQ-Tests nach ist das so. Dieser Zugewinn an Intelligenz basiert aber nicht auf mehr Grundwissen, sondern darauf, dass uns abstraktes Denken immer besser gelingt.

James Flynn war der erste, der in den 1980er Jahren den Anstieg des Intelligenzquotienten untersuchte und so erhielt die Zunahme der menschlichen Intelligenz den Namen Flynn-Effekt. Obwohl wir als Population uns in allen Bereichen verbessert haben, wird das größte Wachstum beim abstrakten Denken verzeichnet, das sich auf Logik und die Fähigkeit zur Problemlösung bezieht und auch als „fluide Intelligenz" bezeichnet wird.

Der allgemein bessere Zugang zu Bildung sowie die bessere Ernährung und Gesundheit haben sicher ihren Anteil daran oder eine bessere Vorbereitung auf die Tests. Videospiele helfen bei Aufgaben der räumlichen Vorstellungskraft. Mit Dingen in der virtuellen Welt umzugehen und sie zu bewegen, ist Training für einen IQ-Test, wo es unter anderem darum geht, einen Gegenstand im Geiste rotieren zu lassen. Ein heute durchschnittlicher Teilnehmer würde 1910 ein Ergebnis unter den besten zwei Prozent erzielen, jemand aus dem Jahr 1910 würde heute im unteren Feld landen.

Robert Sternberg führt an, dass der IQ in unserer Welt heute nicht mehr so wichtig ist. (Keine Sorge also, wenn Sie sich nicht für Mensa qualifiziert haben.) Sternbergs triarchische Intelligenztheorie weist drei Unterkategorien auf. Die erste ist praktische Intelligenz, dabei geht es um Kontext. Mit ihr passen wir uns an neue Umfelder an und formen das, in dem wir uns aufhalten. Dann gibt es die kreative Intelligenz, die Fähigkeit, flexibel und kreativ zu sein. Diese Intelligenz brauchen wir, wenn wir Aufgaben erledigen, die völlig neu für uns sind. Der letzte Typ lässt sich als einziger mit herkömmlichen IQ-Tests messen: analytische Intelligenz. Mit ihr nehmen wir neue Informationen auf, verstehen und verarbeiten Probleme.

Vielleicht müssen wir andere Wege finden, Intelligenz zu messen, um wirklich feststellen zu können, ob wir Menschen schlauer werden oder einfach nur besser bei Tests sind.

DIE SKALA DER KREATIVEN INTELLIGENZ

Kreative Intelligenz kann weiter herunter-
gebrochen werden, sagt Sternberg. Einige
Menschen können ausgezeichnet völlig neue
Aufgaben angehen und neue Arten von Pro-
blemlösungen finden. Sie finden sogar Wege,
auf die andere niemals kommen würden.

Andere wiederholen eine Aufgabe und auto-
matisieren sie und können sie, ohne darüber
nachzudenken oder sogar gleichzeitig mit
anderen Aufgaben, erledigen. In einer Sache
gut zu sein, bedeutet allerdings nicht, auch
andere gut zu machen.

Wie viele Arten von Intelligenz gibt es?

➡ Die traditionelle Definition von Intelligenz gibt an, dass wir alle mit der einheitlichen Fähigkeit geboren werden, Dinge zu verarbeiten. Psychologen, darunter Howard Gardner, behaupten allerdings, dass es bis zu acht verschiedene Arten von Intelligenz gibt.

1983 brachte Gardner die Idee auf, dass Menschen nicht mit der größtmöglichen Intelligenz geboren werden, die sie besitzen können. Stattdessen, sagte er, verfügt jeder über unterschiedliche Anteile aller multiplen Intelligenzen (MI). Die einzelnen Arten werden durch strenge Kriterien definiert und was einst mit sechs Arten begann, umfasst heute neun.

Die erste MI ist linguistisch: Sprache lernen und anwenden, um Ziele zu erreichen. Menschen mit hohem Anteil daran finden sich unter Autoren, Journalisten und Anwälten. Die zweite ist logisch-mathematisch: eine Sensibilität für numerische und logische Muster, die schlussfolgern ermöglicht. Musikalisch ist die dritte: Wenn Sie Rhythmus produzieren können, dazu ein gutes oder absolutes Gehör besitzen, haben Sie viel davon. Die Fähigkeit, etwas vor dem geistigen Auge zu visualisieren, Dinge im Raum beurteilen und manipulieren zu können, ist die räumliche MI. Piloten und Chirurgen sind damit meist gut ausgestattet. Körperlich-kinästhetisch bezieht sich auf den eigenen Körper und geschickten Umgang mit Dingen, dazu ein gutes Gespür für Timing und die Fähigkeit, die eigenen Reaktionen zu trainieren – nützlich für alle, die professioneller Sportler werden möchten. Wer immer weiß, wie es anderen geht oder immer das richtige sagt, um andere aufzumuntern oder zu beruhigen, hat vermutlich einen hohen Grad interpersonaler Intelligenz: Stimmungen erkennen und darauf reagieren. Anders bei der intrapersonalen Intelligenz, bei der es darum geht, die eigenen Gefühle einzuschätzen und mit diesem Wissen das eigene Verhalten auszurichten.

Fachkundig verschiedene Arten in der eigenen Umgebung zu erkennen, zu klassifizieren und dieses Wissen produktiv einzusetzen, ist als naturalistische Intelligenz bekannt. Denken Sie an Charles Darwin oder Jane Goodall. Und die existenzielle Intelligenz schließlich erlaubt es uns, über die wichtigen Fragen, wie den Sinn des Lebens, nachzudenken und zu reflektieren.

Gardner behauptete, dass unsere einzigartige Kombination der Intelligenzen durch Genetik beeinflusst ist, dennoch müssen MIs durch persönliche Erfahrung und Nutzung gepflegt und gestärkt werden. Werden sie ignoriert oder nicht regelmäßig angewandt, können sie verkümmern.

MULTIPLE INTELLIGENZEN

Interpersonal

Kinästhetisch

Linguistisch

Logisch

Musikalisch

Naturalistisch

Intrapersonal

Räumlich

Existenziell

Nach Gardner haben wir alle unsere eigenen Anteile der verschiedenen Arten von Intelligenz. Er behauptete, sie seien in unterschiedlichen Bereichen des Gehirns angesiedelt. Das wurde bisher allerdings nicht bewiesen. Für Lehrer kann es hilfreich sein, wenn sie wissen, welche Intelligenz bei ihren Schülern dominiert. Lehrstile daran anzupassen, führt zu besserem Lernen, besonders da typische Bildungssysteme nur auf verbal-linguistischen oder logisch-mathematischen Stilen beruhen.

Werden gute Anführer auch mal emotional?

➜ Im Konferenzsaal würde man das sicher nicht erwarten. Daniel Golemans Forschung aus dem Jahr 1998 brachte allerdings zutage, dass die besten Führungskräfte eine hohe emotionale Intelligenz besaßen.

Als ein Unternehmen Golemans Erkenntnisse umgesetzt und sichergestellt hatte, dass die Führungskräfte emotional hochintelligent waren, steigerten sich die Umsätze im Vergleich zum Vorjahr um 20 Prozent. Aber was ist emotionale Intelligenz (EI)? EI setzt sich aus fünf Komponenten zusammen, mit denen Sie Ihre eigene Leistung und die anderer Personen maximieren können.

Zunächst ist da die Selbstwahrnehmung, die uns ein tiefes Verständnis für die eigenen Emotionen und Triebe gewährt, mit der wir wissen, wie wir auf andere Menschen wirken. Sie kann sich im Verlangen nach konstruktiver Kritik zeigen oder in selbstironischem Humor. Als zweites das Selbstmanagement, die Kontrolle und Umleitung von Impulsen und dem Zurückhalten von Urteilen. Laut Goleman schaffe dies ein vertrauensvolles und faires Umfeld. Ein Vorgesetzter mit hitzigem Temperament ist kein guter Anführer. Darauf folgt die Motivation: Ein guter Führer muss abseits von Geld und Status Leidenschaft für den Beruf mitbringen. Solche Typen führen oft Buch über Leistungen, was die Büroatmosphäre vergiften kann. Als viertes kommt die Empathie, die sich in starken Führern

schnell zeigt. Ein Team anzuführen kann wie das Rühren in einem Kessel voller Emotionen sein. Der Teamleader muss den emotionalen Aufbau seiner Teammitglieder kennen und sie entsprechend behandeln. Und schließlich die Pflege von Beziehungen und der Aufbau von Netzwerken mithilfe von Social Skills, einer Schlüsselkomponente von EI. Goleman beschreibt sie als „Freundlichkeit mit einem Zweck". Diese sozialen Kompetenzen sind die Krönung der anderen Fähigkeiten.

Die gute Nachricht ist, dass die Forschung zwar herausgefunden hat, dass EI von genetischen Komponenten beeinflusst wird, aber sie ist auch erlernbar. Goleman rät im Geschäftsleben dazu, sich auf das Training des limbischen Systems zu fokussieren, weil hier unsere Impulse, Gefühle und Triebe gesteuert werden. Noch konzentriert sich die Ausbildung für Führungskräfte meist auf den Neokortex, der für analytische und technische Fähigkeiten zuständig ist. Auch ohne Training wird emotionale Intelligenz im Alter stärker: Mit zunehmendem Alter neigen wir zu mehr emotionaler Reife. Einige Anführer bräuchten allerdings unbeachtet ihres Alters Nachhilfeunterricht.

IQ VERSUS EMOTIONALE INTELLIGENZ BEI FÜHRUNGSKRÄFTEN

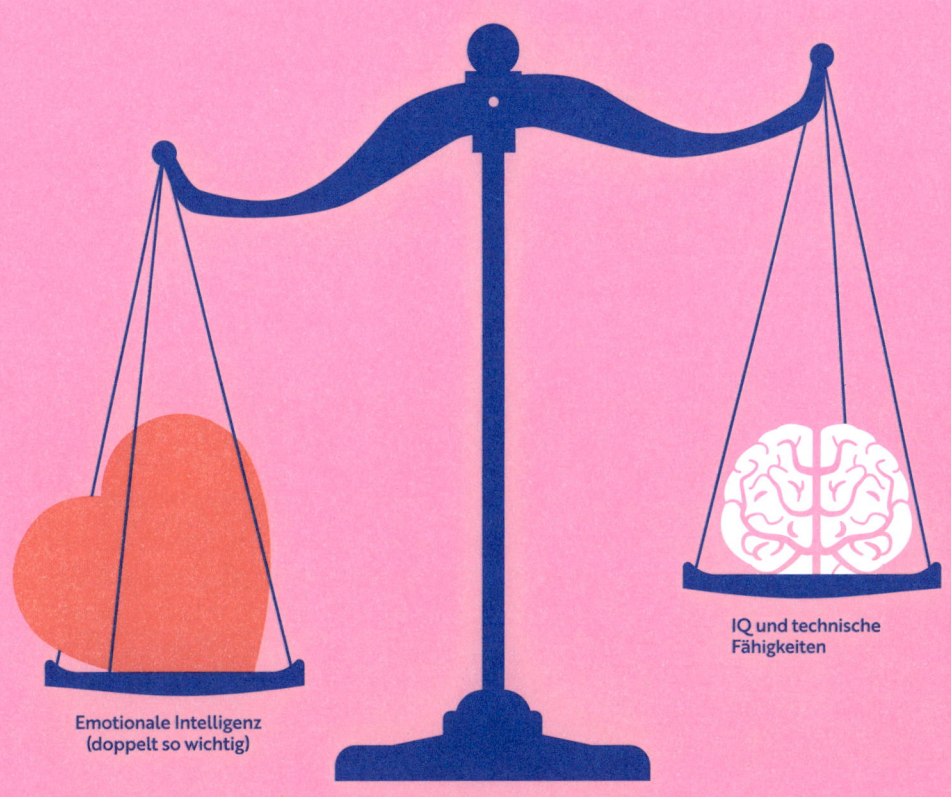

Emotionale Intelligenz (doppelt so wichtig)

IQ und technische Fähigkeiten

Als Goleman und sein Team Daten großer Unternehmen analysierten, fanden sie heraus, dass Intelligenz ein starker Antrieb für außergewöhnliche Leistung bei Führungskräften ist. Das gilt besonders für spezielle Fähigkeiten, etwa eine Langzeitvision für das Unternehmen oder das große Ganze zu sehen. Davon abgesehen stellten sie fest, dass emotionale Intelligenz bei Top-Führungskräften doppelt so wichtig wie der IQ und technische Fähigkeiten ist. Je höher der Rang des Angestellten im Unternehmen war, desto wichtiger wurde die emotionale Intelligenz.

Wie lässt sich Persönlichkeit messen?

➡ Darauf haben Psychologen unterschiedliche Antworten. Freud dachte, das Geheimnis der Persönlichkeit läge im Unbewussten und wird durch Erlebnisse in der Kindheit geprägt.

Damit Psychologen Persönlichkeit messen konnten, versuchten sie sich an einer Faktoranalyse und bezogen alle verfügbaren Daten aus Fragebögen, Skalen und Bemessungsgrößen ein. Die Analyse macht versteckte Muster sichtbar und teilt riesige Datensätze nach bestimmten Faktoren in kleinere Gruppen auf. Als McCrae und Costa 1996 diese Methode auf Persönlichkeitsdaten anwandte, kristallisierten sich fünf Faktoren heraus, mit denen sich Persönlichkeit beschreiben lässt. Jede Eigenschaft wird auf einer eigenen Skala gemessen. Zusammen bilden sie im Englischen das Akronym OCEAN:

O Openness (Offenheit) für Erfahrungen: Menschen mit viel O sind erfinderisch und neugierig, mit schwachem O ist man eher vorsichtig und konservativ.

C für Conscientiousness (Gewissenhaftigkeit): Wer viel davon hat, ist effizient und organisiert, wer wenig hat, neigt zu Extravaganz und Nachlässigkeit.

E für Extraversion: Menschen mit viel E sind leicht zu entdecken, sie kommen aus sich heraus und sind energiegeladen. Die am anderen Ende sind einsam und reserviert.

A für Agreeableness (Verträglichkeit): Wie zu erwarten ist, sind Menschen mit viel A freundlich und mitfühlend, diejenigen mit wenig A eher kritisch und rational.

N steht für Neurotizismus: manchmal als emotionale Instabilität bezeichnet, sind Menschen mit viel N sensibel und nervös, mit wenig N widerstandsfähig und zuversichtlich.

McCreas und Costas Theorie war, dass alle Erwachsenen mit diesen fünf Eigenschaften charakterisiert werden können. Persönlichkeit setzt sich aus variierenden Anteilen der „Big Five" zusammen, die das Denken, Fühlen und Handeln von Menschen beeinflussen. Ihrer Theorie nach sind Persönlichkeitsmerkmale angeborene Tendenzen, die aus uns selbst stammen. Sie entwickeln sich in der Kindheit und sind bei Erwachsenen voll ausgereift und stabil. Das Messen der Persönlichkeit auf diese Weise findet verschiedene Anwendungsmöglichkeiten einschließlich der Vorhersage einiger mentaler und physischer Folgen für die Gesundheit. Der Vorteil dieser Theorie besteht darin, dass die Messung leichter ist als bei Freuds Theorie des Unbewussten. Und sie berücksichtigt unsere inneren Gefühle im Gegensatz zu anderen Theorien, die besagen, dass Persönlichkeit leidglich die Interaktion zwischen Individuen und ihrem Umfeld ist.

DIE MESSUNG VON PERSÖNLICHKEIT IN DER HIRNSTRUKTUR

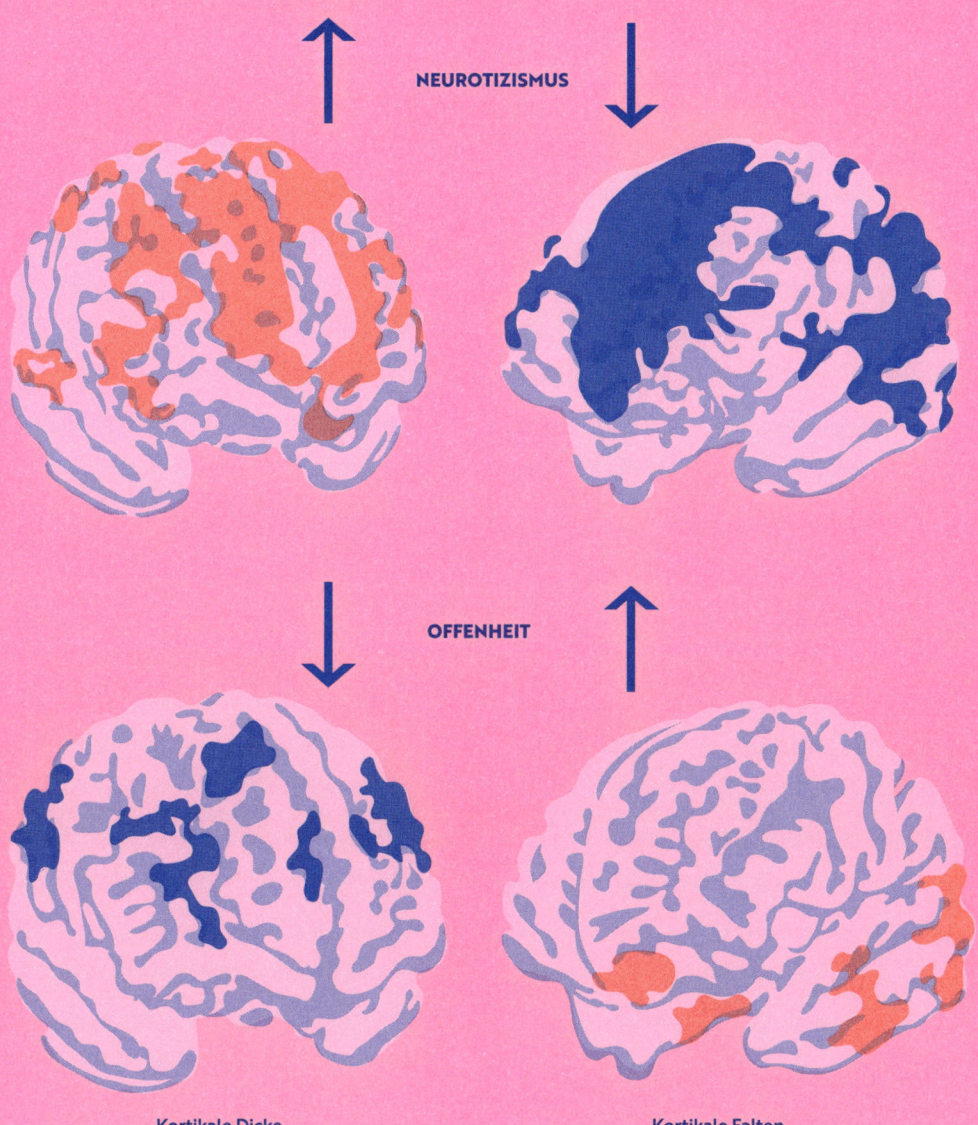

NEUROTIZISMUS

OFFENHEIT

Kortikale Dicke

Kortikale Falten

Vielleicht können wir Persönlichkeitsmerkmale auch messen, wenn wir uns das Gehirn anschauen. Forschungen, die von Richelli geleitet wurden, nutzten bildgebende Verfahren des Gehirns und entdeckten, dass ein hoher Gehalt an Neurotizismus mit dickeren Bereichen des Kortex (äußere Schicht des Gehirns) verbunden und mit geringerer Faltung. Offenheit dagegen war das Gegenteil: weniger Dicke im Kortex, aber mehr Falten. Diese Unterschiede in der Hirnstruktur deuten darauf hin, dass Persönlichkeitsmerkmale wahrscheinlich einen genetischen Faktor besitzen.

Bauen wir uns alle unsere eigene Welt?

→ Auf gewisse Weise machen wir das, ja. In den 1950ern theoretisierte der Psychologe George Kelly, dass jeder von uns eigene Konstrukte baut, mit denen wir uns die Welt erklären. Wir sind wie Wissenschaftler, die unablässig ihre eigenen Hypothesen prüfen.

In einer gegebenen Situation benutzen wir vorhandene Konstrukte, oder mentale Schablonen, mit deren Hilfe wir Resultate vorhersagen. Sie bauen meist auf unseren Erfahrungen auf. Sie haben zum Beispiel ein Konstrukt zur Begrüßung anderer Menschen. Sie strecken die Hand aus und sagen voraus, dass Ihr Gegenüber sie ergreifen und schütteln wird, basierend auf dem, was Sie zu einem früheren Zeitpunkt erlebt haben. Verläuft die Situation so, wissen Sie, dass das Konstrukt geeignet ist, es wieder zu verwenden. Wenn die andere Person Sie allerdings in den Arm nimmt, müssten Sie das Konstrukt ändern oder aufgeben.

Da wir aus unseren eigenen Erfahrungen die Konstrukte schaffen, sehen wir die Welt nur mit unseren Augen und mittels dieser Vorhersagen. Das kann auch beeinflussen, wie wir uns an Situationen erinnern und erklärt auch, warum zwei Menschen sich an dieselbe Interaktion auf völlig unterschiedliche Weise erinnern. Kelly glaubte, dass wir unsere Konstrukte so aussuchen, dass wir bei der Erinnerung an Ereignisse mit mehreren Interpretationen die aussuchen, die uns selbst im bestmöglichen Licht dastehen lässt.

Diese Konstrukte sind auf einer Skala von zwei gegenüberliegenden Seiten binär. Die Seite, zu der Ihr Konstrukt am stärksten tendiert, heißt „emergenter Pol", die andere ist der „implizite Pol". Eine dieser Skalen ist die Abenteuer-Sicherheit-Skala. Wer ein Konstrukt mit Abenteuern am emergenten Pol hat, findet sie aufregend und wünschenswert. So jemand lässt sich eher auf riskante Aktivitäten wie Fallschirmspringen ein, als jemand, der Sicherheit schätzt und Abenteuer als zu gefährlich einstuft, als impliziten Pol.

Konstrukte sind nicht fix. Laut Kelly gibt es immer Alternativkonstrukte, die situativ helfen können. Das nannte er konstruktiven Alternativismus. Wir sehen die Welt durch unsere eigene konstruktive Linse, dennoch kann es wichtig sein, die Konstrukte anderer Menschen zu verstehen, um zu erkennen, warum sie sich verhalten, wie sie es tun.

DER ERFAHRUNGSKREISLAUF

2 Ereignis

3 Reflektion

1 Planung

4 Integration

5 Antizipation

Kelly war der Meinung, dass die Hauptan-
triebe des menschlichen Geistes Antizipation
und Vorhersage sind. Immer, wenn wir etwas
erleben, antizipieren wir, welches Konstrukt
wir darauf anwenden und schätzen, wie gut
es passt. Hinterher, beim Reflektieren des
Ergebnisses, überlegen wir uns vielleicht
Anpassungen des Konstrukts und versuchen,
diese beim nächsten ähnlichen Ereignis zu
integrieren. Das mehrfache Vorkommen des
Ereignisses ist wichtig, denn wir lernen von
dem, was wir häufig erleben.

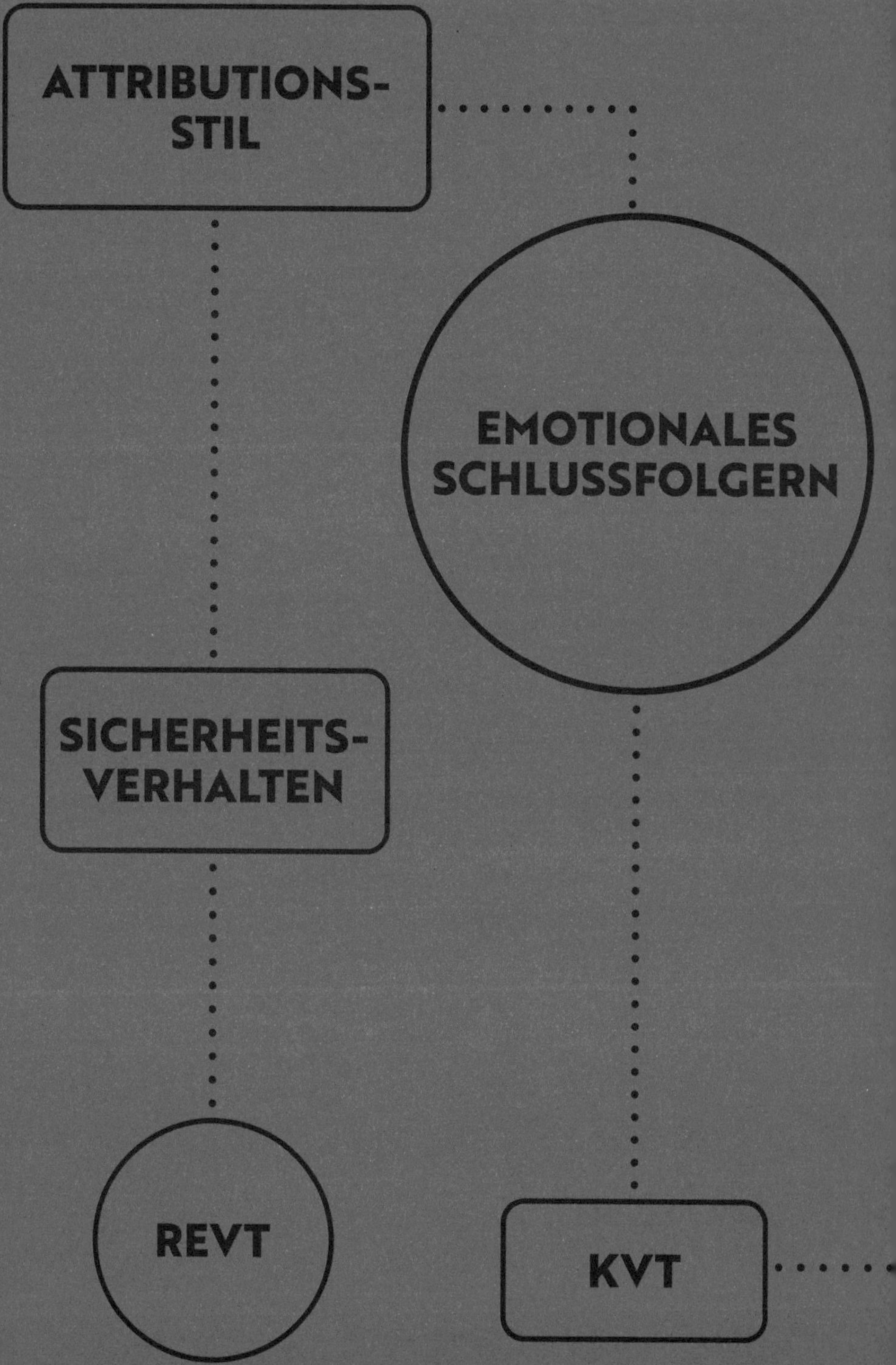
ATTRIBUTIONS-
STIL
EMOTIONALES
SCHLUSSFOLGERN
SICHERHEITS-
VERHALTEN
REVT
KVT

KAPITEL 7

TRAUMA

THERAPIE

REFLEKTIERENDES
ZUHÖREN

BEWÄLTIGUNGS-
STRATEGIEN

EINFÜHRUNG

Jeder, der schon einmal Sorgen hatte, weiß, wie gut es tun kann, darüber zu sprechen. Freunde, Friseure und Taxifahrer wurden schon als Therapeuten bezeichnet, weil es den Menschen, die mit ihnen sprachen, hinterher besser ging. Therapie ist allerdings mehr als zuzuhören und ein paar Fragen zu stellen.

Die Therapie ist eine Behandlung von Problemen wie Angst oder Depression, Trauma oder extremeren Schwierigkeiten. Die frühesten Aufzeichnungen über Therapien datieren 3.500 Jahre zurück, als das „Heilen mit Worten" in ägyptischen und griechischen Texten auftauchte. Der griechische Philosoph Epiktet bemerkte, dass bei Menschen, die schwere Zeiten erleben, den Ausschlag gibt, wie sie damit umgehen. Der Gedanke, dass Denken unsere Gefühle beeinflusst, legte den Grundstein der wirkungsvollsten Therapie unserer Zeit: die **KOGNITIVE VERHALTENSTHERAPIE (KVT)**. Aber es dauerte länger als tausend Jahre, bevor Studien bestätigten, welche Rolle die Gedanken von Menschen spielen, um Angstzustände und Depressionen in Schach zu halten.

Davor war die Psychoanalyse als Therapieform verbreitet. Sie half Patienten, Erkenntnisse über ihre Persönlichkeit und sogar über ihre Träume zu gewinnen. So faszinierend das ist, führte die Therapie selten zu Veränderungen und auf schwere mentale Gesundheitsprobleme angewandt, führt sie nicht zum Erfolg. Dieses Feld erfuhr keine Entwicklung bis zur Mitte des 20. Jahrhunderts, als unter anderem Carl Rogers' **HUMANISTISCHE THERAPIE** gegründet wurde, ein warmherziger Ansatz, der auf der Heilkraft von Freundlichkeit basierte.

Etwa um dieselbe Zeit kam die Verhaltensforschung auf. Sie untersuchte tierisches Verhalten, um besser zu verstehen, wie Menschen Angst lernen und verlernen. Wolpe entwickelte die systematische Desensibilisierung, bei der Patienten sich ihren Ängsten stellen und sie nicht vermeiden sollen. Aber auch das änderte nicht die Art, wie Menschen dachten – einige glaubten auch weiterhin daran, dass Spinnen gefährlich sind und hatten nur gelernt, damit umzugehen.

Stressbewältigung wurde in den 1960ern mit Lazarus bekannt, der sagte, dass Stress eine Hochzeit ist zwischen Gedanken über eine überwältigende Situation und der Fähigkeit, mit ihr fertigzuwerden. Die Therapie wollte die Bewältigung mit Mitteln wie Entspannung unterstützen. Aber wie hilft Entspannung bei Ängsten oder anhaltender Traurigkeit? Ellis begründete die Rational-Emotive Verhaltenstherapie und fokussierte sich auf die Verbindung von Denken und Fühlen.

Beck hob diese Idee auf ein neues Level und näherte sich der geistigen Gesundheit mit Wissenschaft. Er entwickelte und wertete rigoros psychologische Modelle aus, um zu klären, wodurch Disstress verursacht und wie mit ihm umgegangen werden kann. Er wandte sich schwierigen Gedanken und Verhalten auf logische und wissenschaftliche Weise zu, half Menschen dabei, ihre Gedanken durch Experimente zu prüfen und aktualisierte ihre Ergebnisse. Heute ist die KVT eine der am stärksten erforschten Therapien der Welt und die erwiesen effektivste.

KARTE DER THERAPIEN

KONGRUENZ

Das ideale Selbst zu sein, wird erreicht durch Selbstwert, der durch die Liebe und Akzeptanz von anderen entsteht (Rogers).

HUMANISTISCHE THERAPIE

Rogers therapeutischer Ansatz beruht auf Freundlichkeit und dem Glauben, dass in jedem etwas Gutes steckt und davon motiviert wird, das eigene Potenzial zu nutzen.

PERSONENZENTRIERTE GESPRÄCHSTHERAPIE NACH ROGERS

Rogers Therapie folgt humanistischen Prinzipien in einer nicht angeleiteten, nicht bewertenden Atmosphäre, in der der Patient in die Lage versetzt wird, seine eigenen Lösungen zu finden.

KOGNITIVE VER-HALTENSTHERAPIE (KVT)

Ermutigt zu kleinen Veränderungen in der Denkungsart und des täglichen Verhaltens, wodurch wir uns bedeutend und dauerhaft besser fühlen (Beck).

BEHANDLUNG

RATIONAL-EMOTIVE VERHALTENSTHERAPIE (REVT)

Entwickelt von Albert Ellis, arbeiten Patient und Therapeut an der Identifizierung irrationaler Überzeugungen und nicht hilfreichen Denkens und ersetzen sie mit hilfreicheren Strategien.

KOGNITIVE VERZERRUNG

Nicht dienliche Denkmuster, wie Alles-oder-Nichts-Gedanken oder Konzentrieren aufs Negative. Daran wird in der Therapie, besonders der KVT, gearbeitet.

EMOTIONALES SCHLUSSFOLGERN

Ziehen von Schlussfolgerungen aus einer Situation oder einem Reiz in der Hinsicht, wie wir uns dadurch fühlen – nicht dienliches zu einem veränderten Gedankenmuster, weil es nicht immer die Realität widerspiegelt.

VERHALTEN

VERHALTENSEXPERIMENT
Teil der KVT, dazu gehören praktische, kontrollierte Schritte, die das Verhalten ändern sollen – eventuell durch Reduzierung der Vermeidung und mit Hilfe eines Therapeuten –, um Schwierigkeiten zu bewältigen.

RICHARD LAZARUS UND *SUSAN FOLKMAN*
Amerikanische Psychologen (1922-2002 & geb. 1938), die die Ansicht aufbrachten, dass Stress ein Ungleichgewicht aus Bedürfnis und Ressourcen ist.

BEWÄLTIGUNGSSTRATEGIEN
Prozesse, die wir anwenden, um hoffentlich mit Stress fertigzuwerden. Problembasierte Strategien wollen beheben, emotionsfokussierte gehen mit den Gefühlen, die der Stress erzeugt, um.

STRESS-EIMER
Analogie einer stressvollen Erfahrung als das Befüllen eines Eimers (unsere Kapazität) mit Wasser. Bewältigungstherapien öffnen den Hahn zum Ablassen des Wassers (Brabban und Turkington).

KEARNS' UND GARDINERS MOTIVATIONSFEE
Hoffen, dass Motivation auf magische Weise erscheint und uns in Gang bringt, obwohl das Aufnehmen einer Aufgabe die Motivation nach sich zieht.

FEINDSELIGE, NEGATIVE GEDANKEN
Nicht dienliche Gedanken, die einen unwillkommen und unerwartet anspringen. Wer sich von ihnen angegangen oder beherrscht fühlt, kann Angstzustände entwickeln.

BEWUSSTSEIN FÜR GEDANKENPROZESSE
Wenn wir uns unserer Gedankenprozesse bewusst werden, durch Therapie etwa, können wir einen Blick fürs große Ganze bekommen und fairer zu uns selbst sein.

ATTRIBUTIONSSTIL
Wie wir allgemein einem negativen Ereignis eine Ursache zuordnen (Seligman). Diejenigen, die finden, sie seien selbst schuld, neigen eher zu Depressionen.

GEDANKEN

Wie wird man zu seinem idealen Selbst?

⟶ Vielleicht sind Sie es bereits! Oder Sie haben das Gefühl, dass Sie es die meiste Zeit sind. Für andere ist dieses Ideal weit entfernt. Um es zu erreichen, müssen wir unsere Beziehungen entwickeln, damit das Gefühl des Selbstwerts entstehen kann.

Der Psychologe Carl Rogers verwandte den Begriff Inkongruenz für den Zustand, wenn das augenblickliche Selbst und das ideale Selbst weit voneinander entfernt sind. Er glaubte, dass wir alle es brauchen, uns wertgeschätzt, respektiert und geliebt zu fühlen und von anderen uneingeschränkt positiv gesehen zu werden. Dadurch entwickeln wir unser Selbstwertgefühl, begeben uns auf die Reise zur Kongruenz, und nähern uns unserem idealen Selbst.

Rogers Methode spiegelt humanistische Ideen wider: dass in jedem von uns Gutes steckt und wir grundsätzlich motiviert sind, unser Potenzial auszuschöpfen und ein reiches und erfüllendes Leben zu führen. Daraus entstand die personenzentrierte Therapie mit einem der Hauptmerkmale, dass sie nicht geführt ist: Der Therapeut sorgt für einen unterstützenden, offenen Raum, gibt aber nicht vor, worüber gesprochen wird. Dahinter steht der Gedanke, dass jeder der beste Experte für sich selbst ist und daher mit allem ausgestattet ist, um die Lösungen zu finden, die uns

unsere Ziele erreichen lassen. Der Therapeut soll freundlich und empathisch auftreten und Patienten so akzeptieren, wie sie sind. Dass die Patienten unterstützt werden, ihre eigenen Gedanken und Gefühle so gut es geht zu verstehen, gibt ihnen die Gelegenheit, ihre Probleme zu besprechen und zu eigenen Schlussfolgerungen zu kommen, wie es zu positiven Veränderungen kommen kann.

Die Vorstellung eines voll funktionsfähigen, idealen Selbst ist vielleicht genau dies: eher eine Vorstellung als etwas, das wir erreichen können. Es hieß auch, dass dieses Konzept in Kulturen mit anderen Werten eventuell nicht so relevant ist. Dennoch entleihen die meisten psychologischen Therapien zumindest Teile von Rogers Arbeit. Dazu gehört der Gedanke, dass sich Therapeuten bedingungslos positiv ihren Patienten gegenüber zeigen und eine starke therapeutische Beziehung anstreben. Die therapeutische Beziehung (oder „Allianz") hat sich als eins der wichtigsten Bestandteile der Behandlung herausgestellt und führt zu positiven Ergebnissen.

REFLEKTIERENDES ZUHÖREN

Wann hatten Sie zuletzt das Gefühl, dass Ihnen jemand wirklich zuhört? Oder wann haben Sie jemandem intensiv zugehört? Zuhören ist viel mehr als nur darauf zu warten, dass man wieder an der Reihe ist zu sprechen. Reflektierendes Zuhören ist eine Strategie, die auf Rogers Arbeit aufbaut und aus zwei Schritten besteht: 1) den Standpunkt des Sprechenden wirklich verstehen und 2) ihm Rückmeldung zu geben, um zu prüfen, ob Sie korrekt verstanden haben. Das wird in Therapien üblicherweise für ein gemeinsames Verständnis und eine starke therapeutische Beziehung so durchgeführt.

Kommen Sie zurecht?

——➤ Das hängt davon ab, wie voll Ihr Eimer ist. Wenn ihr „Stress-Eimer" überläuft, heißt das, dass, was Ihnen abverlangt wird, ist größer als Ihre gefühlten Ressourcen, mit denen Sie es bewältigen können. Es könnte an der Zeit sein, sich Hilfe zu suchen.

Ein Leben ohne Stress ist leider nur ein Mythos. Stress dient tatsächlich einem Zweck: In sanfter Form motiviert er uns und verbessert unsere Leistung. Zu viel jedoch wirkt zerstörerisch und verursacht eine Vielzahl negativer Emotionen.

Auf die Idee von Stress als Ungleichgewicht zwischen Anforderungen und Ressourcen kamen Richard Lazarus und Susan Folkman. Sie sagten, dass die Anforderungen an uns direkt von anderen kommen, aber es gibt auch welche, die wir empfinden oder uns selbst auferlegen. Wenn wir das Gefühl haben, diese persönlichen und sozialen Anforderungen nicht bewältigen zu können, ist Stress das Ergebnis. Sie behaupteten, dass die Situation selbst und die Charakteristika der betroffenen Person sich darauf auswirken, wie sie interpretiert, was geschieht und wie sie damit zurechtkommt.

Bewältigung ist ein Prozess zum Umgang mit Stress. Bewältigungsstrategien lassen sich in zwei Typen einteilen. Problembasierte Strategien wollen das Problem lösen mit zum Beispiel strukturierten Lösungen, Zeitplanung oder dem Einholen praktischer Hilfe. Emotionsfokussierte Strategien verarbeiten die Gefühle, die durch Stress entstehen. Dazu gehören Ablenkung, Gebet und Meditation, auch das Reden über die eigenen Gefühle. Auch kurzfristig wirkende Strategien gibt es, die aber langfristig negative Effekte haben können, etwa der Gebrauch von Alkohol und Drogen oder dem Ausweichen vor dem Problem. Problembasiertes Bewältigen ist häufig erfolgreich, weil es den Grund für den Stress angeht. Es kann allerdings nicht auf alle Probleme angewandt werden, eine Mischung aus beiden Typen – abgesehen von den negativen Strategien – ist meist am hilfreichsten.

Es lässt sich wohl behaupten, dass die meisten Menschen mit ihrem persönlichen Stress gut zurechtkommen. Es ist aber normal und kommt oft vor, dass wir uns auch mal nicht dazu in der Lage fühlen. Wenn das eintritt, ist es am besten, mit jemandem darüber zu sprechen, einem Freund, einem Familienmitglied oder jemandem, der sich professionell um solche Situationen kümmert. Sie müssen sich da nicht alleine durchkämpfen.

DER STRESS-EIMER

Brabban und Turkingtons Stress-Eimer ist ein einfacher Weg, sich die eigene Kapazität zur Stressbewältigung klarzumachen und ein „Übermaß" an Gefühlen zu verhindern, die Ihr Wohlbefinden mindern. Stressvolle Erfahrungen sind das Wasser, das den Eimer füllt. Bewältigungs- und „Stressabbau-"-strategien öffnen den Hahn, das Wasser fließt. Wenn wir den Wasserstand im Blick behalten und den Wasserhahn offenhalten, halten wir den Stress unter Kontrolle.

Woher kommen negative Gedanken?

➡ Einige werden durch Stress verursacht oder weil wir müde sind oder uns elend fühlen. Einige kommen daher, dass unser Gehirn eine Abkürzung über frühere Erfahrungen sucht. Wieder andere sind zufällig. Keine der Ursachen macht sie wahr.

Vermutlich gibt es nicht den einen Grund für unsere negativen Gedanken, die uns ereilen. Einige scheinen uns zufällig und unerwartet anzuspringen. Studien haben gezeigt, dass dieser Typ feindseliger, negativer Gedanken tatsächlich sehr verbreitet ist. Häufig kreisen sie um Dinge, die wir als unangemessen, blasphemisch oder schädlich ansehen. Die meisten Menschen erkennen ihre geringe Bedeutung und lassen sie gehen, bei anderen wiegen sie schwerer und sie steigern sich hinein. Der Prozess wird mit Angstzuständen wie Zwangsstörungen in Verbindung gebracht.

Sich ängstlich oder elend zu fühlen reicht, damit öfter negative Gedanken aufkommen. Dann rotieren wir gedanklich vielleicht um Fehler in der Vergangenheit, wir kritisieren uns und sorgen uns um die Zukunft. Martin Seligman hatte den Gedanken, dass unser Geist auf eine bestimmte Art zu denken trainiert wird, die auf alten Erfahrungen basiert. Wenn wir früh schwierige Dinge erleben, erwarten wir später, dass es weiter schieflaufen

wird für uns und dass wir daran schuld sind. Das wird als Attributionsstil bezeichnet – unsere übliche Herangehensweise für die Zuordnung eines Grunds für ein negatives Ereignis. Einige Menschen vermuten generell, dass etwas Stressiges oder Schwieriges passiert, weil sie etwas falsch gemacht haben, sich das wohl nie ändern wird, und viele Bereiche ihres Lebens betrifft. Dieser Stil erhöht vermutlich das Risiko, an Depressionen zu erkranken, weil wir uns irgendwann hilflos fühlen, als ob wir keine Kontrolle mehr hätten.

Entscheidend ist: Nur, weil ich etwas Negatives denke, muss der Gedanke nicht wahr sein. Gedanken sind keine Fakten. Und unser Denkstil ist nicht in Stein gemeißelt. Wer sich seiner Gedankenprozesse bewusst wird, kann erkennen, wo er beginnt, das große Ganze aus den Augen zu verlieren oder unfair zu sich selbst zu werden, und sich für eine andere Herangehensweise zu entscheiden. Und dies ist einer der Kerngedanken hinter einer ganzen Reihe psychologischer Therapien.

GEDANKEN UNTERDRÜCKEN

Schauen Sie sich dieses riesige, flauschige, rote Kaninchen an. Schließen Sie nun 30 Sekunden lang die Augen und denken Sie nicht daran. Versuchen Sie, so gut Sie können, nicht an das Kaninchen zu denken. Studien belegen generell, dass je mehr Menschen bestimmte Gedanken zu vermeiden versuchen, sie sie umso wahrscheinlicher haben werden. Der Versuch, negative Gedanken zu unterdrücken, kann dazu führen, dass sie öfter hochkommen. Viele Therapiepatienten finden diese Erkenntnis sehr hilfreich.

Warum sind wir irrational?

⟶ Höchstwahrscheinlich, weil wir keine Roboter sind. Menschen können nicht auf rein rationaler Ebene handeln, weil unsere Emotionen unsere Entscheidungen und unser Verhalten anleiten.

Häufig tun wir gut daran, uns von unseren Emotionen leiten zu lassen. Oft sagen Menschen, sie hätten ein „Bauchgefühl" bei einer Sache gehabt oder wären bei einer Entscheidung „ihrem Herzen gefolgt". Der Einfluss von Emotionen kann uns helfen, uns auf das zu fokussieren, was am wichtigsten für uns ist und gleichzeitig unangenehme oder gefährliche Situationen zu umgehen. Manchmal aber können uns unsere Emotionen in nicht dienliche Denkmuster und Verhalten führen, die Gefühle von Angst und Depression noch verstärken. Wenn sich jemand in Menschenansammlungen unwohl fühlt, kann das Gefühl von Nervosität zu der Schlussfolgerung führen, dass die Situation gefährlich ist. Daraufhin geht die Person vielleicht nach Hause und versucht in Zukunft, Menschengruppen zu vermeiden, wodurch sie noch einsamer wird und noch mehr von Angst zurückgehalten wird.

Das Feststecken in nicht dienlichem Denken ist der Fokus einer Reihe von Therapien, auch der rational-emotiven Verhaltenstherapie (REVT) von Albert Ellis. Hierbei arbeiten Patient und Therapeut heraus, welche Ansichten als irrational angesehen werden können und ob weitere Muster nicht dienlichen Denkens vorhanden sind, um sie durch hilfreichere Strategien zu ersetzen. In dem Beispiel fühlte sich die Person in der Situation mit der Menschenmenge gefährdet. Tatsächlich gab es dazu keinen Anlass, aber die Person schloss aufgrund ihrer Angst darauf. Dieses Beispiel undienlichen Denkens wird dem emotionalen Schlussfolgern zugeordnet.

Zu anderen nicht hilfreichen Denkmustern, oder kognitiven Verzerrungen, gehören das Alles-oder-Nichts-Denken, bei dem es nur die Kategorien Weiß oder Schwarz gibt, etwa: „Wenn ich dies nicht perfekt mache, ist das ein Komplettversagen." Oder das Außerachtlassen positiver Aspekte, wenn wir Gründe finden, unsere positiven Erfahrungen zu minimieren oder abzutun und stattdessen das Negative daran überbetonen oder uns daran aufhalten. Wenn Patienten darüber in der Therapie sprechen, können sie eher identifizieren, wann dieses Verhalten auftritt und können für sich eine andere Reaktion in solchen Situationen wählen.

DER ANGST DIE STIRN BIETEN

Phobien vor bestimmten Dingen oder Situationen – Spinnen, Blut, Flugreisen – gehören zu den verbreitetsten Problemen bezüglich der geistigen Gesundheit. Viele wissen, dass ihre Ängste irrational sind, können sie aber nicht abstellen. Die Ursachen für Phobien liegen in der Genetik und im Umfeld, Ängste werden durch unser Denken und Verhalten geschürt. Zum Glück lassen sich Phobien gut mit psychologischen Therapien behandeln und es werden beachtliche Fortschritte in bereits nur einer Therapiesitzung erzielt.

Führt verändertes Verhalten zu verändertem Bewusstsein?

➜ Unsere Gedanken, Emotionen und unser Verhalten sind miteinander verbunden. Dinge anders zu handhaben, hat Einfluss auf unser Denken und Fühlen – davon können wir alle profitieren.

Viele von uns kennen das: Wir schieben etwas vor uns her und beginnen nicht damit, etwa Sport zu treiben oder ein neues Projekt anzufangen – uns fehlt ganz einfach die Motivation. Und während sich das Tag für Tag weiter hinzieht, können Gefühle von Schuld, Niedergeschlagenheit und Selbstkritik aufkommen. Hugh Kearns und Maria Gardiner (2011) nennen dies das „Warten auf die Motivationsfee": Wir warten, dass die Motivation auf magische Weise erscheint und uns auf Trab bringt. Natürlich existiert die Fee nicht und die Forschung zeigt, dass es genau andersherum läuft – mit einer Aufgabe zu beginnen, erzeugt die Motivation, sie weiterzuführen und mehr zu machen. Ein verändertes Verhalten – mit einer Sache zu beginnen, auch wenn wir uns nicht danach fühlen – kann am Ende auch positiv auf unsere Stimmung und unser Denken wirken.

Um diese Verbindung zwischen Gedanken, Gefühlen und Verhalten dreht sich die kognitive Verhaltenstherapie (KVT), zuerst entwickelt von Aaron Beck. Durch schrittweises Verändern unseres Denkens und Verhaltens können wir uns erheblich und dauerhaft besser fühlen. In einigen KVT-Sitzungen experimentieren Patient und Therapeut gemeinsam mit Verhalten, um die negativen Überzeugungen, die ängstigen oder bedrücken, zu bekämpfen. Jemand mit einem posttraumatischen Belastungstrauma nach einem Zugunglück denkt zum Beispiel, dass auch bei der nächsten Bahnreise ein Unfall geschehen wird, bei dem er verletzt oder getötet wird. Die Folge ist, dass er öffentliche Transportmittel meidet und vielleicht nicht mehr zur Arbeit gelangt oder Freunde treffen kann. Ein Verhaltensexperiment für diesen Patienten könnte sein, Dinge mutig anders anzugehen – vielleicht eine Bahn nur eine Station weit zusammen mit dem Therapeuten zu benutzen. Das Verhalten derart anzupassen, führt dazu, dass er aus erster Hand erfährt, dass die befürchteten Erwartungen unwahrscheinlicher sind als sie erwarteten. Das hilft dabei, große Fortschritte in Richtung Problembewältigung zu machen.

SICHERHEITSVERHALTEN

Menschen mit Sozialängsten denken häufig, dass andere sie anstarren. Um dem zu entgehen, halten sie generell den Kopf gesenkt und vermeiden Augenkontakt. Diese Strategien heißen Sicherheitsverhalten, denn sie werden eingesetzt, um sich in gefährlichen Situationen sicherer zu fühlen. Überraschenderweise verschlimmern sie im Allgemeinen die Ängste. Durch KVT entdecken Patienten eine starke Wahrheit: Andere Menschen beachten sie gar nicht, das illusionäre Empfinden wird durch ihre Angst·hervorgerufen.

SELBSTWERT

HÖCHST-LEISTUNG

EMOTIONALE VIELFALT

PSYCHOLOGISCHER FLOW

GROWTH MINDSET

KAPITEL 8

POSITIVE PSYCHOLOGIE

PERSÖNLICH-
KEITSMERK-
MALE

GLÜCK

BELOH-
NUNGEN

Viele glauben, dass ein Hauptgewinn im Lotto sie umgehend glücklich machen würde. Aber Glück hat wenig mit einem überbordenden Bankkonto zu tun. In diesem Kapitel werden einige der Hauptzutaten für ein glückliches Leben vorgestellt, die sich in der Psychologie im Laufe der Jahre herauskristallisiert haben, warum sie wichtig sind und wie sie erworben werden.

Zunächst brauchen wir ein starkes **SELBSTWERTGE-FÜHL**, unsere Meinung über uns muss also positiv sein. Da Meinungen Gedanken sind und keine Fakten, ist es gut zu wissen, dass wir unseren Selbstwert durch verändertes Denken verbessern können. Das Pflegen gesunder Einstellungen hilft dabei enorm, zum Beispiel das Aufregende in neuen Herausforderungen zu sehen und daran zu glauben, dass wir nicht nur erfolgreich sein können, sondern dass es uns genauso zusteht wie anderen.

Menschen mit ausgeprägtem Selbstwertgefühl haben meist mehr Erfolg bei dem, was sie sich vornehmen und sind zudem gesünder, wohingegen Menschen – speziell Teenager –, die mit sich ringen müssen, um sich positiv zu betrachten, zu Problemen neigen. **SELBSTWERTDIENLICHE VERZERRUNG** hilft uns, unseren Selbstwert zu pflegen und zu schützen. Dabei schreiben wir Erfolge uns zu und ungünstige Resultate anderen oder der Welt. Psychologen sagen, dass es bis in unsere Sechziger dauert, dass wir uns in unserer Haut wohlfühlen und sich das Selbstwertgefühl setzt, wenn wir also die Weisheit und die Fähigkeit besitzen, aus gesundem Denken eine Angewohnheit zu machen.

Die zweite Hauptzutat für ein glückliches Leben ist

EMOTIONALE VIELFALT. Dazu müssen wir alte Pfade verlassen, um Gelegenheiten zu schaffen, fröhliche Emotionen zu fühlen. Ein **GROWTH MINDSET** ist ebenso wichtig. Das ist der Glaube, dass Anstrengung und Übung ebenso wichtig sind wie Talent, und dass neue Herausforderungen angepackt werden müssen, statt ihnen aus dem Weg zu gehen. Eltern können ein Growth Mindset ihrer Kinder unterstützen, indem sie Mühe belohnen, statt Können zu preisen. Die Vorteile eines Growth Mindset sind, dass es uns in schweren Zeiten beschützt und antrainiert werden kann. Studien mit einkommensschwachen Familien zeigten, dass Kinder mit einem solchen Mindset eher etwas erreichten als Kinder, die ähnlich schwierige Bedingungen erlebten, aber ohne Growth Mindset.

Menschen sind glücklicher, wenn sie in ihren Aufgaben aufgehen, gleich, welche – das Beantworten von E-Mails oder auch das Tellerwaschen. Diese Erkenntnis wird dem Psychologen **MIHÁLY CSÍKSZENTMIHÁLYI** zugeschrieben. Sie sind zufriedener, wenn die Aufgaben anspruchsvoll genug sind, um zu stimulieren, aber nicht zu sehr, damit sie nicht überfordern. Die Aufmerksamkeit ganz auf die anstehende Aufgabe zu richten, verhindert, dass der Geist wandert und bringt Gefühle in den Flow.

Alle Zutaten, die uns glücklich bleiben lassen, führen nebenbei auch zu Erfolg und Aufblühen, oder „Flourishing", wie Psychologen es auch nennen. Wir blühen eher auf, wenn wir uns darauf trainieren, glücklich zu sein.

KARTE DER POSITIVEN PSYCHOLOGIE

COOPERSMITH SELBSTWERTINVENTAR
Fragebogen zur Feststellung der Einschätzung von Kindern in Bezug auf Gleichaltrige, Eltern, Schule und sich selbst mittels einfacher Anzeichen für Selbstwert in Verhalten und Kognition.

SELIGMANS PERMA™-MODELL
Fünf evidenzbasierte Bausteine, die das Flourishing begünstigen: positive Emotionen, Engagement, Relationships (Beziehungen), Meaning (Sinn) und Accomplishment (Errungenschaften).

POSITIVE PSYCHOLOGIE
Fokussiert auf positive, wertvolle Erfahrungen und Konzepte, wie das Growth Mindset, eine fröhliche Einstellung trainieren, Selbstwert und emotionale Diversität.

SELBSTWERTGEFÜHLE
Unsere Meinung über uns selbst, kann durch veränderte Denkweise verbessert werden. Wird durch selbstwertdienliche Verzerrung geschützt.

SELBSTWERTDIENLICHE VERZERRUNG
Sich selbst Erfolge zuschreiben, anderen oder der Welt die Misserfolge – Schutz des Selbstwertgefühls.

GESUNDHEITSSPANNE
Die Zeit, die wir bei guter Gesundheit verbringen, ohne Krankheit. Das Konzept entstand aus unserer längeren Lebensspanne bei besserer Lebensqualität.

STATISCHES SELBSTBILD
Eine unflexible Art zu denken, man bleibt bei dem, was man gut kann, und dreht vor neuen Aufgaben ab.

EMOTIONALE VIELFALT
Das Erfahren einer großen Anzahl positiver Emotionen, die der Schlüssel zum Wohlbefinden, zur Stressreduzierung und besserer Gesundheit sind.

FLOURISHING

PHYSIOLOGISCHE MARKER
Messbare körperliche Veränderungen wie Herzfrequenzvariabilität, Blutdruck, Atemtiefe und Aktivität bestimmter Muskelgruppen.

PSYCHO-LOGISCHER FLOW
Universelle menschliche Fähigkeit, erfordert Positivität und anhaltende, scheinbar mühelose Aufmerksamkeit, der Schlüssel zu einem lebenswerten Leben (Csíkszentmihályi).

HÖCHSTLEISTUNG
Die Kombination aus optimalen Verhaltensweisen ergibt eine außergewöhnliche oder die beste Leistung.

ARGYLES KOMPONENTEN DES GLÜCKS
Drei Schlüsselfaktoren zum Glück, umfassen kognitive und emotionale Aspekte: Zufriedenheit mit dem Leben, Vorhandensein eines positiven Affekts und Fehlen eines negativen Affekts.

MIHÁLY CSÍKSZENTMIHÁLYI
Ungarisch-amerikanischer Psychologe (1934–2021), der für sein Studium des Glücks und der Kreativität die Welt bereiste, prägte den Begriff „psychologischer Flow".

PERSÖNLICHKEITSMERKMALE
Charakterattribute, die einen Menschen auszeichnen. Sie sind typischerweise positiv oder negativ und zeitstabil, d. h. schwer veränderlich.

GROWTH MINDSET
Offen sein für Veränderungen und neue Möglichkeiten, bereit sein für Herausforderungen, aus Fehlern lernen, an Anstrengung und Übung glauben.

FLOW

Sind Sie es wert?

→ Ihre Antwort darauf entspricht dem Grad, in dem Sie sich selbst mögen. Wenn Sie meinen, Ihnen steht dasselbe zu wie anderen und dass Sie haben, „was es braucht", und ausreichend glücklich sind, um Ihre Komfortzone zu verlassen, dann strotzen Sie vor Selbstwertgefühl.

Wer fällt Ihnen ein, wenn Sie an jemanden mit großem Selbstwertgefühl denken? Sind das Übermenschen oder haben sie bloß herausgefunden, wie sie positiv über sich denken? Selbstwert ist die Meinung, die wir über uns haben. Da Meinungen Gedanken und keine Fakten sind, können wir unseren Selbstwert durch Gedanken ändern. Einige Indikatoren für gesunden Selbstwert sind unser Mut, unsere Meinung zu äußern, unsere Bereitschaft, Neues auszuprobieren, unser Glaube an unseren Erfolg und unsere Einstellung, dass wir es mindestens so verdienen wie andere.

Die Forschungen dazu wurden in den späten 1960ern in amerikanischen Schulen angefacht. Lehrende und Forscher realisierten, wie vorteilhaft sich ein positiver Selbstwert als Ergebnis des Schulbesuchs auswirkte, statt sich ausschließlich auf akademische Leistungen zu konzentrieren. Das Coopersmith-Selbstwertinventar wurde entwickelt, um die Einschätzung von Kindern in Bezug auf Gleichaltrige, Eltern, Schule und sich selbst zu ermitteln.

In neuerer Zeit haben Studien, die Menschen von der Geburt bis ins Erwachsenenalter begleiten, ergeben, dass ein Abfall des Selbstwertgefühls in der Jugendzeit zu schlechter körperlicher Gesundheit, psychischen Krankheiten, kriminellen Benehmen und schlechteren finanziellen Aussichten führen kann. Ein schwacher Selbstwert kann einen Teufelskreis unseliger Erfahrungen verursachen und negative Resultate und Stress vergrößern.

Dankenswerterweise stehen uns kognitive Verzerrungen zur Verfügung, die unser Selbstwertgefühl gesund und in Schach halten. Durch die selbstwertdienliche Verzerrung schreiben sich Menschen gute Dinge und Erfolg sich selbst zu, Misserfolge und schlechte Ergebnisse sind für andere oder die ganze Welt. Wenn etwas sich aus gut herausstellt, sagen Sie sich, dass das an Ihnen liegt. Ist das Ergebnis bescheiden, suchen Sie andere Erklärungen dafür. Die gute Nachricht ist, dass der Selbstwert nach der Jugend kontinuierlich durch positive Lebenserfahrungen gestärkt werden kann, bis in die sechziger Jahre hinein, wo es sich stabilisiert und erst in den Neunzigern wieder fällt.

MESSUNG DES SELBSTWERTGEFÜHLS

Wir messen das Selbstwertgefühl durch Befragung. Zum Beispiel fragen wir ein Kind,
wie es seine Schulleistung einschätzt, ob
es meint, schnell Freunde zu finden oder
wie sehr seine Eltern es wertschätzen. Bei
Erwachsenen würden die Fragen lauten, wie
stolz Menschen auf ihre Arbeit und andere
Leistungen sind, aber es gäbe auch Fragen
zu Freunden und Familie.

Gibt es eine Abkürzung zum Glück?

→ Für den Moment könnten Sie sich einen Bleistift zwischen die Zähne klemmen, aber langfristig eignen sich andere Strategien besser. Die Psychologie hat einiges dazu zu sagen, wie wir Glücksgefühle ankurbeln und erhalten.

Wenn Sie nach einer Abkürzung zum Glück suchen oder vielleicht nach dem Punkt, wo Sie anfangen können, gibt es etwas, das Sie sofort ausprobieren können. Sie brauchen lediglich einen Filz- oder Bleistift. Studien haben ergeben, dass ein Stift, der zwischen die Zähne geklemmt wird, dieselben Muskeln aktiviert wie ein Lächeln, Sie werden fröhlicher und unbeschwerter. Dieser Effekt verschwindet anscheinend, wenn der Stift wieder herausgenommen wird und wirkt wohl nur, wenn man sowieso schon glücklich ist. Für eine dauerhafte Wirkung sollten Sie sich die wichtigsten Zutaten zum Glücklichsein ansehen.

Michael Argyle erkannte, wie wichtig Glücklichsein oder „das subjektive Wohlbefinden" ist (von seinen Forschungen in den 1980ern), als Studien über Depressionen die über Glück mit 17:1 übertrafen. Die Komponenten für das Glück, sagt Argyle, haben eigene kognitive und emotionale Aspekte. Die drei Hauptfaktoren sind Zufriedenheit mit dem (Sozial-, Arbeits- und Freizeit-)Leben, Vorhandensein von positivem Affekt und Fehlen von negativem Affekt.

Wir wissen, dass Geld über ein gewisses Gefühl von Sicherheit hinaus nicht glücklich macht. Wir wissen auch, dass wir im Alter glücklicher werden. Aber was können wir tun, um schneller zu diesem Punkt zu kommen? Neurowissenschaftliche Studien geben Hinweise darauf. Sie geben an, dass die Schlüsselformel für ein glückliches Leben ist, die eigenen Erwartungen zu erfüllen oder sie zu übertreffen. Es geht nicht darum, wie gut etwas für uns läuft, sondern ob es besser läuft als wir erwarteten oder nicht.

Neuere Forschungen haben ergeben, dass wir uns, statt uns auf das Glücklichsein zu fokussieren, besser mit täglicher emotionaler Vielfalt beschäftigen sollten. Das Erleben einer Fülle von positiven Emotionen wie Interesse, Ruhe, Stolz, Dankbarkeit oder Inspiration zu erfahren, verringert Stress und Entzündungen, führt zu besserer Gesundheit und gibt uns mehr Gründe, zu lächeln. Es mag keine festgesetzte Abkürzung zum Glück geben, aber es führen viele Wege dorthin.

DIVERSITÄT AN POSITIVEN EMOTIONEN

Wer einen Stift mit den Zähnen festhält, bringt sich zum Lächeln und findet damit eine Abkürzung zum Glücklichsein. Für länger anhaltende Ergebnisse sollten Sie sich Aktivitäten suchen, die eine Vielfalt an frohen Gefühlen auslösen – ein neues Rezept lernen oder mit Kollegen ein Problem lösen. Wir sind glücklicher, wenn wir kreativ sind und mit anderen Menschen verbunden sind.

Verändert eine neue Denkweise die Einstellung?

➡ Ja! Der Wechsel von einem statischen Selbstbild zu einem Growth Mindset verändert nicht nur die Art zu denken, er wird Ihren Erfolg, Ihre Leistung und Ihre Kraft, sich von Misserfolgen zu erholen, vorantreiben.

Das statische Selbstbild zugunsten eines Growth Mindset aufzugeben, führt zu Erfolg im Beruf, macht Eltern und Schüler erfolgreich. Carol Dweck sagte, dass ein verändertes Selbstbild die Ansichten über Lernen und Intelligenz herausfordert.

Wie würden Sie sich fühlen, wenn man Sie bäte, etwas völlig Neues zu lernen, wovon Sie wissen, dass es Ihnen viel abverlangt und Sie dafür Ihre Komfortzone verlassen müssten? Statt zu sagen „Das kann ich nicht. Ich bleibe bei dem, was ich beherrsche", werden diejenigen, die sagen „Das kann ich noch nicht" später eventuelle Misserfolge besser wegstecken. Sie lernen aus Fehlern, anstatt gleich aufzugeben und erreichen daher mehr. Jemand mit einem Growth Mindset ist der Meinung, dass Anstrengung und Übung mindestens so viel wert sind wie angeborene Talente.

Die Vorstellung eines Growth Mindset ist wichtig für die positive Psychologie, weil sie die Idee infrage stellt, dass Intelligenz, Bildung und Einkommen für Erfolg entscheidend sind. Eine Studie beispielsweise mit vielen Familien in Chile zeigte, dass Kinder aus Familien mit niedrigem Einkommen seltener ein Growth Mindset besaßen. Bei denen allerdings, die es hatten, wirkte es wie ein Puffer gegen die negativen Auswirkungen eines niedrigen Einkommens auf die Leistung. Das Growth Mindset kann in schwierigen Situationen ein wahrer Schutz sein.

Entscheidend ist, dass das Growth Mindset eine Frage des Trainings ist. Studien zeigen, dass der Schlüssel dazu ist, Kindern beizubringen, dass sie darauf bauen, dass ihre Fähigkeiten sich verbessern, sich ihr Gehirn entwickelt und dass sie nicht aufhören, wenn es ungemütlich wird. Im Vergleich zu Kindern, die glauben, dass ihre Fähigkeiten festgeschrieben sind, zeigen Kinder, die ihr Growth Mindset trainiert haben, mehr Motivation und bessere Noten. Die Anstrengung zu belohnen, anstatt das Können zu loben, schafft Selbstvertrauen und Durchhaltevermögen. Mit einem solchen Mindset in einer schwierigen Umgebung bedeuten Herausforderung oder Misserfolg, sich darauf zu fokussieren, wie es weitergeht – mit mehr Herausforderungen und Lernen.

DAS GROWTH MINDSET

Die Denkweise zu verändern beeinflusst unsere Überzeugungen, Anstrengungen, unsere Herangehensweise an Herausforderungen und Reaktion auf Misserfolg. Mit einem Growth Mindset können Menschen sich auf die Zukunft fokussieren, neue Aufgaben annehmen und ihr Potenzial voll ausschöpfen.

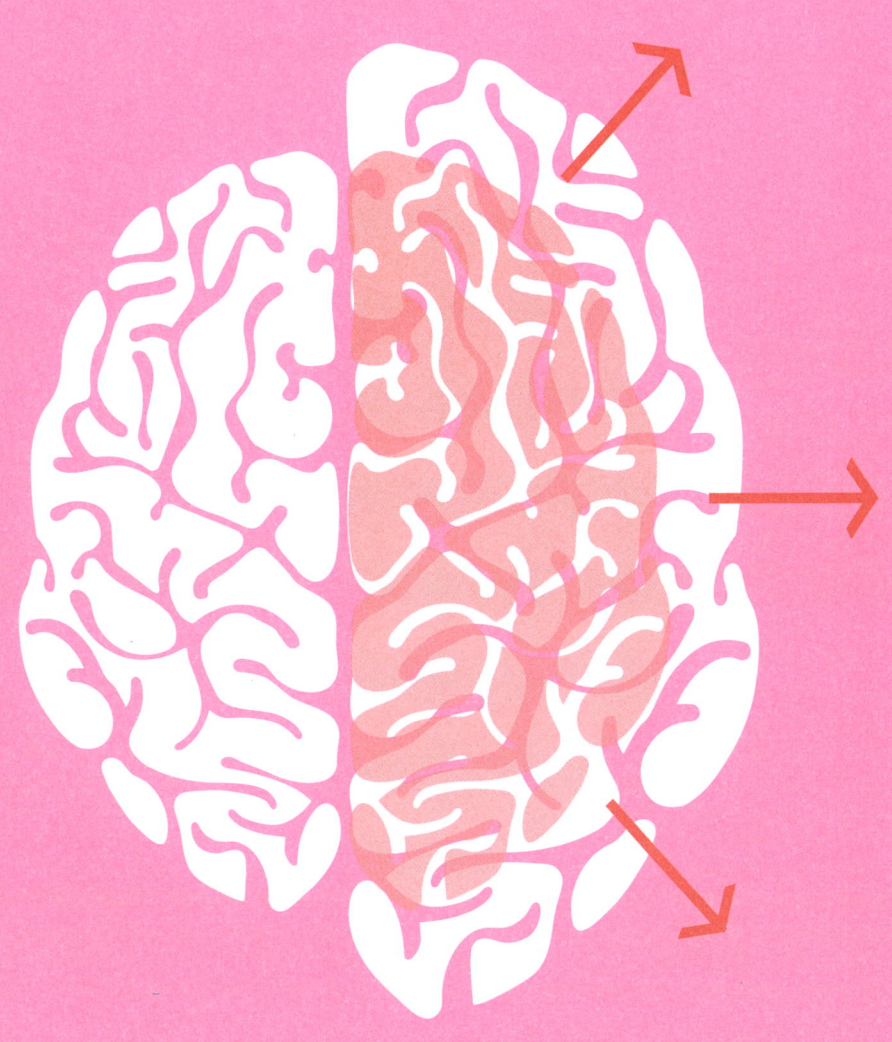

Blühen wir durch Psychologie auf?

➡ Ein gutes Leben zu führen bedeutet mehr, als nur zu überleben: Es bedeutet, aufzublühen. Die Psychologie zeigt uns, wie wir unser Potenzial nutzen und ein gewöhnliches Leben in ein außergewöhnliches verwandeln.

Wir wissen alle, dass Stress, geistige Erkrankung, soziale Ungleichheit und Trauma dem Wohlbefinden abträglich sind. Aber wussten sie, dass sie uns sogar etwas kosten in Bezug auf Langlebigkeit und Lebenserwartung? Seit medizinische Fortschritte unsere Lebenserwartung um Jahre verlängert hat, hat sich dieser Bereich um die Gesundheitsspanne erweitert – die Zeit, in der wir gut leben. Wie gestalten wir unser vermutlich längeres Leben qualitätvoll? Wie kosten wir unser Leben aus?

Die psychologische Forschung erzählt uns eine Menge darüber, wie wir ein außergewöhnliches Leben führen können. Statt der Konzentration auf das Eliminieren oder der Bewältigung von Leid und Stress beleuchtet neuere Forschung das „Flourishing". Dabei geht es um das Ausschöpfen unseres Potenzials, um das Verwandeln eines normalen Lebens in ein besonderes. Es bedeutet, unserem Leben Sinn zu geben.

Martin Seligmans Entwicklungen auf dem Feld der positiven Psychologie umfassen eine Reihe evidenz-basierter Bausteine, die etwas begünstigen, das Flourishing heißt. Das PERMA™-Modell baut auf Maslows Hierarchie der Bedürfnisse auf. Erst, wenn die Bausteine für ein gutes Leben im Griff sind (Sicherheit, Schutz, Nahrung, Wasser), können die höheren Faktoren (Wertschätzung, kognitive und ästhetische Bedürfnisse, Selbstverwirklichung) zum Fokus eines Individuums oder einer Gemeinschaft werden. Die fünf Faktoren, die beim Flourishing eine Rolle spielen, sind positive Emotion, Engagement, Beziehungen, Sinn und Errungenschaften.

Wir wissen, dass die Dinge, die wir messen, die Dinge, die wir machen, beeinflussen. Konzentrieren wir uns ausschließlich auf klassische Erfolgsindikatoren, also das Geld, das wir verdienen, die Anzahl der Dinge, die wir persönlich besitzen, die Schulnoten von Kindern oder die Produktivität auf politischem und ökonomischem Level, dann, sagt das PERMA™-Modell, lassen wir wichtige Komponenten des Flourishing aus. So, wie die medizinische Forschung sich um die Anzahl der Jahre kümmern muss, die wir länger leben, muss die psychologische Forschung sich mit mehr Jahren Flourishing befassen.

DIE BAUSTEINE DES FLOURISHING

Errungenschaften

Sinn

Beziehungen

Engagement

Positive Emotion

Damit wir aufblühen können, müssen zunächst unsere Grundbedürfnisse nach Sicherheit, Schutz und Nahrung befriedigt sein. Dann geht es darum, das Leben nach unseren Werten und unserem Sinnverständnis auszurichten. Die Wertschätzung von Beziehungen, das Finden von Gelegenheiten für positive Gefühle und Sinn sehen in dem, was wir machen, sind unabdingbar fürs Flourishing.

Sollten wir uns alle dem Flow hingeben?

→ Wenn Sie Ihr Wohlbefinden und Ihre Leistung auf den Höchststand bringen möchten, dann ja! Der Psychologe Mihály Csíkszentmihályi sagte, dass der psychologische Flow Positivität und dauerhafte Aufmerksamkeit erfordert und der Schlüssel zu einem lebenswerten Leben sein könnte.

Wann sind Sie das letzte Mal völlig in Ihrer Aufgabe aufgegangen? Als Sie sich unheimlich strecken mussten und an die Grenzen Ihrer Möglichkeiten kamen, Ihre beste Leistung aufbrachten und sich in Höchstform fühlten? Mihály Csíkszentmihályi reiste um die Welt, um Menschen genau das zu fragen. Er fragte Musiker, Chirurgen, Tänzer, Landwirte, Schäfer und Fabrikarbeiter und schloss aus ihren Antworten, dass der psychologische Flow eine universelle menschliche Fähigkeit ist, die das Leben lebenswert macht. Zum Flow-Zustand gehört das Gefühl müheloser Aufmerksamkeit und positiver Emotion.

Was passiert im Geist und im Körper eines klassischen Pianisten, der seine Bestleistung abliefert? In Studien wurden messbare physiologische Marker für den Flow gefunden. Zu diesen Markern gehörten veränderter Blutdruck, Atemtiefe, Herzfrequenzvariabilität und Aktivierung der Muskelgruppe, die gebraucht wird, um zu lächeln. Während der Flow den erforderlichen geistigen Zustand angibt, beschreibt die Höchstleistung das optimale Verhalten.

Der erfahrene klassische Pianist fühlt sich dabei wach, aber ruhig, selbstsicher, aber gefordert und völlig im Moment versunken und wird dank dieser Voraussetzungen ein außergewöhnliches Musikstück darbieten. Vielleicht streben wir danach, in den Flow zu kommen, um damit produktiver zu werden. Studien zeigen allerdings, dass selbst die Bemühungen, dorthin zu gelangen, bereits zu einem Zustand von Zufriedenheit und Glück führen.

Flow und Höchstleistung sind nicht auf das Musizieren beschränkt. Menschen berichten vom Flow beim Sport, bei der Arbeit, kreativen Hobbys, beim Spielen, in Religion oder Spiritualität und beim Lernen. Gewissenhafte Personen neigen eher zu einem Flow, der von bestimmten Persönlichkeitsmerkmalen blockiert werden kann und dann in schlechte Stimmung umschwenken kann. Am wahrscheinlichsten gelangen wir in den Flow, wenn wir Aufgaben bearbeiten, die fordernd genug sind,, aber nicht zu anspruchsvoll. Trotz der vielen Barrieren, die Menschen daran hindern, in den Flow zu gelangen, ist das Ziel die Mühe wert.

HÖCHSTLEISTUNG UND FLOW

Beim Flow geht es darum, voll und ganz in einer Aufgabe aufzugehen. Er ist eine Mischung aus verstärktem Fokus, positiven Gefühlen und dem völligen Fehlen von Selbstbewusstsein. Eine Pianistin, die die

Vorstellung ihres Lebens gibt, wird zum Höhepunkt ihrer Leistung den Flow erleben. Dahin zu kommen, ist wie das Treibenlassen in einem Fluss, sich der Reise entspannt hingebend, ohne sich um das Ziel zu kümmern.

DIE FORSCHUNG GEHT WEITER

BÜCHER

Beck, A.T., et al. *Cognitive Therapy of Depression.* New York: Guilford Press, 1979

Bond, M. *Wayfinding: The Art and Science of How We Find and Lose Our Way.* London: Picador, 2020

Corsini, R. und Wedding, D. *Current Psychotherapies.* Totnes: Brooks/Cole Publishing Company, 2018

Deutsch Lezak, M., et al. *Neuropsychological Assessment.* Oxford: Oxford University Press, 2012

Dunn, J. *The Beginnings of Social Understanding.* Cambridge, MA: Harvard University Press, 1988

Erikson, E. *Identity: Youth and Crisis.* New York: W. W. Norton, 1968

Erikson, E.H. *Kindheit und Gesellschaft.* Klett-Cotta, 1999

Morrison, A.P. (ed.). *A Casebook of Cognitive Therapy for Psychosis.* New York: Brunner-Routledge, 2002

Seth, A. *Being You.* London: Faber & Faber, 2021

Slater, A. und Bremner, J. *An introduction to Developmental Psychology.* London: BPS Blackwell. Third ed., 2017

Wild, J. *Be Extraordinary: 7 Key Skills to Transform Your Life From Ordinary to Extraordinary.* Boston: Little, Brown Book Group, 2020

ZEITSCHRIFTEN

Borke, H. (1975). Piaget's mountains revisited. *Developmental Psychology,* 11(2), 240–243

Bruner, J. (1981). The social context of language acquisition. *Language & Communication,* 1(2), 155–178

Dunn, J. (1994). Understanding others and the social world: Current issues in developmental research and their relation to preschool experiences and practice. *Journal of Applied Developmental Psychology,* 15(4), 571–583

Flavell, J.H. (1996). Piaget's legacy. *Psychological Science,* 7(4), 200–203

Kearns, H. und Gardiner, M. (2011). Waiting for the motivation fairy. *Nature,* 472, 127

Nader, K., Schafe, G.E. und LeDoux, J.E. (2000). The labile nature of consolidation theory. *Nature Reviews Neuroscience.* 1, 216–219

Wegner, D.M., et al. (1987). Paradoxical effects of thought suppression. *Journal of Personality and Social Psychology,* 53(1), 5–13

ONLINE-QUELLEN

www.simplypsychology.org

www.nationalelfservice.net

Every Mind Matters
www.nhs.uk/every-mind-matters

Mind www.mind.org.uk

ANMERKUNGEN ZU DEN AUTOREN

BERATENDE REDAKTEURIN

Dr. Jennifer Wild

Jennifer Wild ist Professorin für psychische Gesundheit beim Militär an der Universität von Melbourne und an der Universität Oxford, wo sie evidenzbasierte Interventionen zur Verhinderung von PTBS bei Rettungskräften entwickelte, die inzwischen international umgesetzt werden. Sie schreibt Beiträge für *Nature News*, BBC, *The Times*, *The Sunday Times* und *The Psychologist*. Professor Wild nutzt die Wissenschaft, um geistige Erkrankung zu verstehen und zu verhindern.

ILLUSTRATOR

Robert Brandt

Robert Brandt lebt in Großbritannien und ist seit mehr als zwanzig Jahren Visual Communicator mit Fokus auf technischen und wissenschaftlichen Themen, von der Astrophysik bis zur Biochemie. Gemeinsam mit Experten arbeitet er daran, einem breiten Publikum komplexe Themen nahezubringen.

AUTOREN

Michael Bond

Michael Bond ist ein Autor mit dem Spezialfach Psychologie und menschliches Verhalten. Er war Chefredakteur bei *New Scientist*.

Sophie Grant

Sophie Grant ist Forschungsassistentin am Oxford Centre für Angststörungen und Trauma (OxCADAT). Sie arbeitet an der Aufnahme internetbasierter kognitiver Therapien zur Behandlung von Angststörungen und PTBS in das britische Gesundheitswesen.

Aimee McKinnon

Aimee McKinnon ist klinische Psychologin. Zu ihren klinischen und Forschungsinteressen gehören Prävention und frühe Intervention, Risiko, PTBS und komplexe PTBS.

Helen Pilcher

Helen Pilcher hat einen Doktor in Zellbiologie des Londoner Instituts für Psychiatrie sowie Abschlüsse in Psychologie und Neurowissenschaften. Sie arbeitete als Reporterin für *Nature* und leitete das Science-in-Society-Programm der Royal Society. Heute schreibt und spricht sie über Wissenschaft. Sie hat viele populäre Wissenschaftsbücher verfasst, aber auch Nachrichten und Features für Magazine wie *The Guardian*, *New Scientist* und *Science Focus*.

Dr. Graham Thew

Dr. Graham Thew ist klinischer Psychologe und Forschender an der Universität von Oxford und beim Oxford Health NHS Foundation Trust. Er bietet evidenzbasierte psychologische Therapien für Erwachsene mit Angststörungen oder Depressionen an und forscht darüber, wie digitale Technik Therapien ergänzen kann, damit Menschen die bestmögliche Behandlung erhalten.

Gabriella Tyson

Gabriella Tyson ist Doktorandin an der Universität von Oxford. Sie forscht, wie psychische Erkrankungen von Risikogruppen vermieden werden können.

Trinity de Simone

Trinity de Simone ist Forschungsassistentin bei OxCADAT. Ihr Team ist auf Erforschung und Behandlung von Angst- und Stressstörungen spezialisiert.

Abbie Wilkins

Abbie Wilkins ist Lehrbeauftragte für psychologische Therapien an der Universität von Exeter und auf komplexe PTBS bei OxCADAT spezialisiert.

STICHWORTVERZEICHNIS

DANKSAGUNG

Ich möchte unserer Lektorin Kate Duffy meinen großen Dank dafür ausdrücken, dass sie mit der richtigen Mischung aus Beharrlichkeit, Führung und Geduld an unserer Seite stand, damit unser Projekt rechtzeitig verwirklicht wurde. Vielen Dank an Katie Crous für ihr exzellentes Copy-Editing und ihre Aufmerksamkeit fürs Detail. Riesigen Dank an meine Mitautoren für das Teilen ihrer psychologischen Einsichten, mit denen dieses Buch möglich wurde. Und ich möchte meiner Schwester, Allison Wild, für ihr breit gefächertes Fachwissen danken und für ihre Bereitschaft, meine Ideen intensiv mit mir durchzugehen. Danke, Mark Todd und Amy Sedgwick, für angeregte Unterhaltungen und Wohlwollen. Und schließlich vielen, vielen Dank an meine schreibenden Gefährten Sami, Zak und Pip.

Jennifer Wild

UniPress Books bedankt sich bei Robert Brandt für seine aufschlussreichen Illustrationen und bei Luke Herriott für sein elegantes Design.